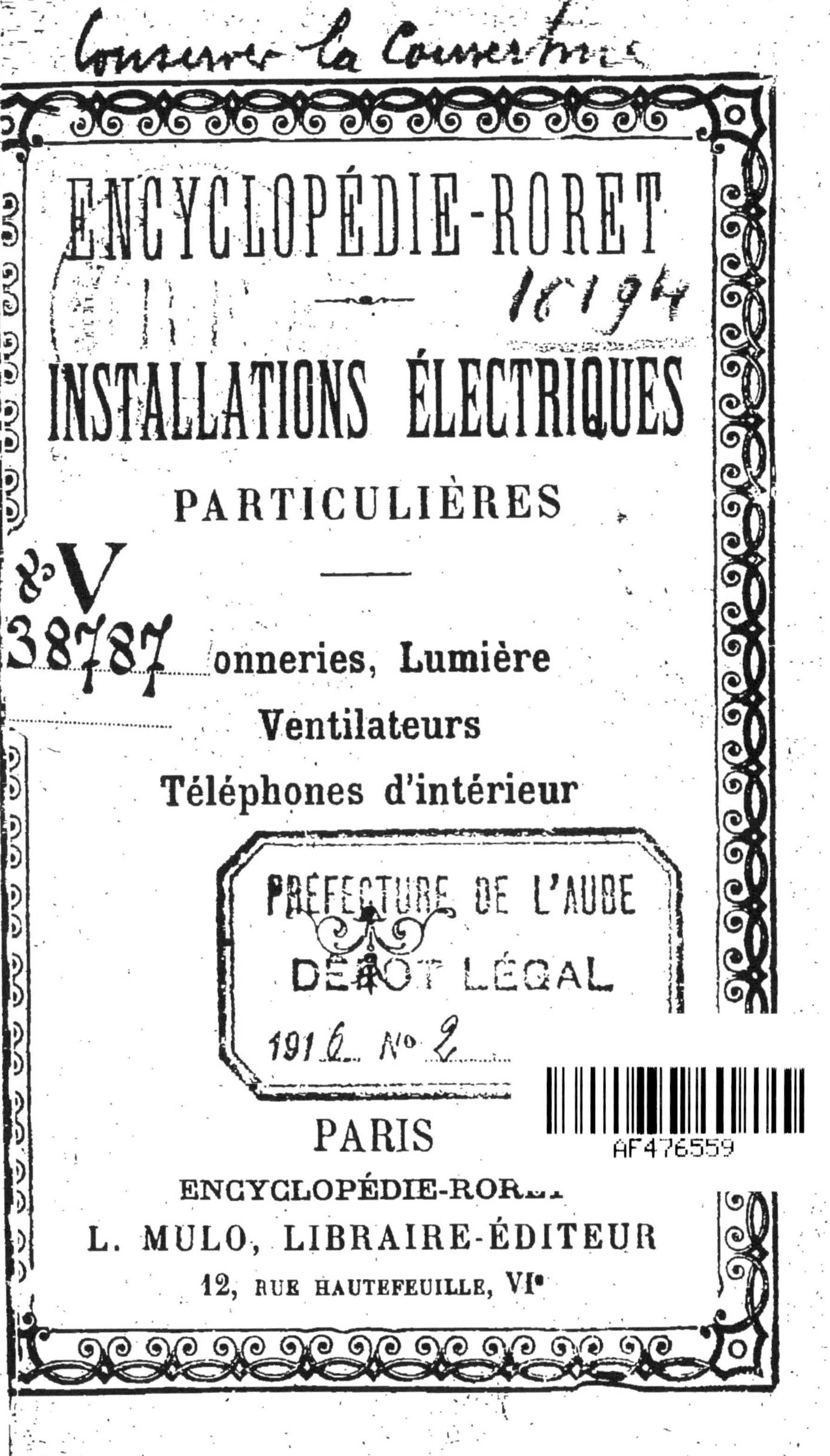

ENCYCLOPÉDIE-RORET

INSTALLATIONS ÉLECTRIQUES
PARTICULIÈRES

...onneries, Lumière
Ventilateurs
Téléphones d'intérieur

PARIS
ENCYCLOPÉDIE-RORET
L. MULO, LIBRAIRE-ÉDITEUR
12, RUE HAUTEFEUILLE, VIe

ENCYCLOPÉDIE-RORET

INSTALLATIONS ÉLECTRIQUES

EN VENTE A LA MÊME LIBRAIRIE

Manuel de l'Ebéniste et Tabletier, traitant des Bois, de leur Teinture et de leur Apprêt, de l'Outillage, du Débitage des bois de placage, de la fabrication et de la réparation des Meubles de tout genre et du travail de la Tabletterie, par NOSBAN et MAIGNE. 1 vol. orné de figures et accompagné de planches. 3 fr. 50

— **Electricité**, contenant théorie, pratique et applications diverses, par G. PETIT, Ingénieur civil. 2 vol. ornés de 285 figures dans le texte. 8 fr.

— **Maîtresse de Maison**, ou Conseils et Recettes sur l'Economie domestique, par Mmes PARISET et CELNART. 1 vol. orné de figures dans le texte. 4 fr.

— **Peintre en Bâtiments**, Vernisseur et Vitrier, traitant de l'emploi des Couleurs et des Vernis pour l'assainissement et la décoration des habitations, de la pose des Papiers de tenture et du Vitrage, par RIFFAULT, VERGNAUD, TOUSSAINT et F. MALEPEYRE. Nouvelle édition revue et augmentée du Peintre d'enseignes, de la pose des Vitraux, de la *Série des Prix*, etc. 1 volume orné de 44 figures. 3 fr.

— **Plombier, Zingueur, Couvreur, Appareilleur à Gaz**, contenant la fabrication et le travail du Plomb et du Zinc et la manière de les souder, la Couverture des Constructions et l'Installation des Appareils et des Compteurs à Gaz, par ROMAIN. Nouvelle édition, refondue, corrigée et augmentée, suivie de la *Série des Prix*, par N. CHRYSSOCHOÏDÈS. 1 vol. orné de 266 figures dans le texte. 4 fr.

— **Serrurier**, ou Traité complet et simplifié de cet Art, traitant des Fers, des Combustibles, de l'Outillage, du Travail à l'atelier et sur place, de la Serrurerie du carrossage et des divers Travaux de Forge, par PAULIN-DÉSORMEAUX et H. LANDRIN. Nouvelle édition entièrement refondue par N. CHRYSSOCHOÏDÈS, ingénieur des Arts et Manufactures. 1 vol. orné de 106 fig. dans le texte et accompagné d'un Atlas de 16 pl. gravées sur acier. 5 fr.

— **Télégraphie électrique**, contenant la description des divers systèmes de Télégraphes et de Téléphones, et leurs applications au service des Chemins de fer, des Sonneries électriques et des Avertisseurs d'incendie, par ROMAIN. 1 vol. orné de figures et accompagné de planches (1882). 3 fr. 50

MANUELS-RORET

NOUVEAU MANUEL COMPLET

DES

INSTALLATIONS ÉLECTRIQUES

PARTICULIÈRES

CONTENANT

Sonneries, Lumière, Ventilateurs
Téléphones d'intérieur
et la manière de faire soi-même ces installations

PAR

Ferdinand LAPEYRE
Receveur-Entreposeur de 1re classe en retraite
Officier d'Académie

OUVRAGE ORNÉ DE 24 FIGURES

PARIS
ENCYCLOPÉDIE-RORET
L. MULO, LIBRAIRE-ÉDITEUR
12, RUE HAUTEFEUILLE, VIe
1916

AVIS

Le mérite des ouvrages de l'**Encyclopédie-Roret** leur a valu les honneurs de la traduction, de l'imitation et de la contrefaçon. Pour distinguer ce volume, il porte la signature de l'Éditeur, qui se réserve le droit de le faire traduire dans toutes les langues, et de poursuivre, en vertu des lois, décrets et traités internationaux, toutes contrefaçons et toutes traductions faites au mépris de ses droits.

AVANT-PROPOS

A l'encontre des brochures traitant du même sujet et déjà parues, ce *Nouveau Manuel* n'a aucune prétention scientifique, ce que je juge, d'ailleurs, parfaitement superflu pour le but recherché ; c'est pourquoi j'ai tenu à en écarter tout ce qui n'entrait pas dans le cadre que je m'étais tracé, sans autre préoccupation que celle d'indiquer, d'une façon aussi claire que possible, les moyens de procéder soi-même aux installations électriques les plus courantes, *sonneries* et *lumière*. En dehors de ces indications, on y trouvera des renseignements et des conseils aussi utiles à consulter qu'à suivre.

Aujourd'hui que l'emploi de l'*électricité* est, à juste titre, si en vogue dans les habitations particulières, ce *Nouveau Manuel*, grâce à son sens pratique, sera un guide précieux pour les personnes qui hésitent encore à en faire usage devant les dépenses élevées auxquelles donne lieu son installation, quand on est obligé de recourir à la main-d'œuvre professionnelle.

Quant à ceux qui ont déjà *éclairage* et *sonneries électriques*, ils pourront aisément, avec l'aide de ce *Nouveau Manuel*, les compléter à leur guise et à peu de frais.

Les figures insérées dans le texte ne sont que de simples *schémas*, uniquement destinés à mieux démontrer la disposition générale des fils et leur agencement dans les différentes combinaisons dont il est parlé dans le présent opuscule, mais il est évident que ces figures ne représentent pas la physionomie réelle d'une installation telle qu'elle doit être, une fois achevée ; il faut, en effet, réunir les fils, les coordonner et les diriger comme il convient, de manière à constituer un ensemble conforme à l'esthétique et au bon goût.

F. LAPEYRE.

NOUVEAU MANUEL COMPLET

DES

INSTALLATIONS ÉLECTRIQUES

PARTICULIÈRES

CHAPITRE PREMIER

Généralités

SOMMAIRE. — I. Principaux accessoires pour installations électriques. — II. Renseignements généraux.

I. PRINCIPAUX ACCESSOIRES POUR INSTALLATIONS ÉLECTRIQUES

Sonneries et Lumière

Fil rigide recouvert de gutta-percha.
Fil souple à deux conducteurs.
Fil spécial pour sonneries.
Douille simple.
Douille avec interrupteur.
Applique.
Col-de-cygne.

Rondelle en cuivre pour applique et pour col-de-cygne.

Rondelle en bois pour applique ou col-de-cygne, avec encoches pour le passage des fils.

Interrupteur à deux ou trois plots.

Rondelle en bois sur laquelle est vissé l'interrupteur ou la prise de courant.

Poire pour lumière à deux ou trois plots.

Poire pour sonnerie.

Prise de courant.

Bouchon en bois pour amener le courant par la douille d'une lampe.

Coupe-circuit unipolaire.

Coupe-circuit bipolaire.

Petite plaque en bois sur laquelle est vissé le coupe-circuit.

Fil de plomb fusible.

Raccords en cuivre pour suspension à gaz.

Abat-jour pour plafonnier.

Griffe pour abat-jour.

Anneau pour accrocher la lampe ou champignon à défaut d'anneau.

Tulipe pour col-de-cygne.

Rosace simple pour plafonnier.

Rosace avec contrepoids pour plafonnier.

Isolateurs.

Cavaliers en cuivre pour sonneries.

Ruban « Chatterton ».

II. RENSEIGNEMENTS GÉNÉRAUX

L'expression *ampérage* signifie puissance de lumière et *voltage,* intensité du courant électrique.

Pour que le courant électrique se manifeste, il est indispensable que les fils soient disposés de telle façon que les deux pôles, *positif* et *négatif*, se rencontrent.

Le courant transmis par les usines électriques est *continu* ou *alternatif*; sauf pour les moteurs, cette différence de courant n'exige pas d'appareils distincts, ni pour l'éclairage, ni pour les sonneries.

Le courant *continu* est celui qui provient constamment du même pôle, tandis qne le courant *alternatif* s'opère successivement par le pôle *positif* et par le pôle *négatif*. Les polices d'abonnement à l'éclairage électrique mentionnent toujours la nature du courant qu'on reçoit.

Les fils souples employés pour l'éclairage sont composés de fils ténus, réunis en faisceau ; quand on les branche ou qu'on les fixe à un appareil, il faut, après avoir dénudé la partie du fil destinée à être soudée, tordre, avec les doigts, tous les fils formant le faisceau, afin de ne former qu'un seul fil résistant.

Ainsi que son nom l'indique, le *coupe-circuit* sert à neutraliser instantanément les effets d'un *court-circuit* dans le réseau. Une intensité excessive de courant venant de l'extérieur, serait arrêtée par les coupe-circuits du compteur, leur mission étant, précisément, de protéger l'installation particulière. Les coupe-circuits sont *unipolaires* ou *bipolaires*, suivant qu'ils reçoivent un seul des fils conducteurs ou les deux ; les premiers sont les plus employés. A chacune des bornes du coupe-circuit est fixée l'extrémité d'un fil conducteur, qu'on a, d'abord, sectionné, puis, on relie les deux bornes par un *fil de plomb* pour permettre au courant de passer ; ce fil de plomb fuse aussitôt qu'il est soumis à une tension anormale d'énergie électrique, comme cela arrive dans le cas de *court-circuit* ; la disparition du fil de plomb crée alors dans le coupe-circuit une solution de continuité, dont la conséquence est d'interrompre le passage du courant électrique (fig. 1).

L'utilité d'un *coupe-circuit* exige qu'il soit *toujours* traversé par un fil *conducteur* et jamais par un simple fil *de retour*.

Un *coupe-circuit* doit protéger chaque lampe, par mesure de prudence, d'abord, et ensuite pour faciliter les recherches quand survient un *court-circuit* ; en effet, si l'accident n'intéresse qu'une seule lampe, il est certain qu'il a pris naissance dans la partie du réseau comprise entre cette lampe et le point où les fils sont branchés.

La structure du coupe-circuit dit : à *tabatière*, permet de fixer plus commodément le fil de plomb, en ce sens qu'il est placé dans le couvercle de l'appareil.

Coupe-Circuit unipolaire.

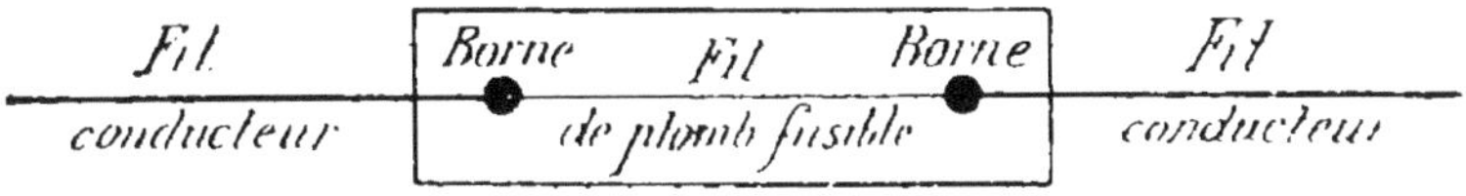

Fil conducteur — Borne — Fil de plomb fusible — Borne — Fil conducteur

Fig. 1.

Quand on n'a pas commencé soi-même, une installation et qu'on veut la compléter par le montage d'autres lampes, on est souvent embarrassé pour exactement reconnaître les deux fils conducteurs, *positif* et *négatif*; on s'en assure en mettant en communication les deux fils qu'on suppose être les conducteurs, avec ceux d'une lampe portative; on sera définitivement fixé si le contact détermine l'allumage de la lampe.

Dès qu'on s'aperçoit qu'une lampe ne fonctionne plus, il faut de suite retirer l'ampoule de la douille, car si le courant continuait à passer, ce serait à une vitesse beaucoup plus grande qu'avec la lampe allumée; la consommation enregistrée au compteur s'en ressentirait naturellement.

Il arrive, bien rarement, d'ailleurs, que sur un point de l'installation, dans les rez-de-chaussée, notamment, une communication s'établisse entre le fil conducteur du pôle *positif* et la terre, pôle *négatif*; ce phénomène se produit dans les endroits très humides, *lorsqu'on n'a pas eu la précaution de suffisamment éloigner les fils des murs*; on reconnaît qu'il y a *dérivation* à la terre, lorsqu'on reçoit une légère décharge électrique en touchant les fils, le commutateur ou la douille de la lampe, alors qu'on n'est pas, soi-même, isolé par un mauvais conducteur. Pour découvrir l'endroit où se produit la dérivation, on suit les fils, sans s'isoler de la terre, jusqu'à ce qu'on ne ressente plus de commotion ; il ne reste ensuite qu'à remplacer les fils, s'ils sont tant soit peu endommagés par l'humidité, et à prendre les mesures voulues pour les garantir de tout contact avec le mur.

Une dérivation à la terre ne cause pas de perturbation dans le réseau ; il est, cependant, de toute nécessité de l'arrêter aussitôt qu'on la découvre.

Le courant par *induction* est celui que produit un corps électrisé en agissant à distance sur un corps neutre ; il n'est pas susceptible de provoquer un court-circuit et n'a aucune influence sur la marche du compteur.

Au cours d'une installation, on arrive, parfois, à éviter une ligature ; la façon d'opérer est la suivante : un des fils *conducteurs* relie deux coupe-circuits *unipolaires* superposés ; ce fil, ainsi disposé, transmet le courant aux deux fils fixés aux bornes libres des deux coupe-circuits (fig. 2).

Les courts-circuits sont provoqués par la communication *directe* des deux fils provenant, l'un du pôle *positif* et l'autre du pôle *négatif*; lorsque ce contact existe dans le réseau de l'installation, on le découvre assez rapidement par un examen attentif des fils de la région où le court-circuit a pu se produire ; on entoure alors la partie des fils

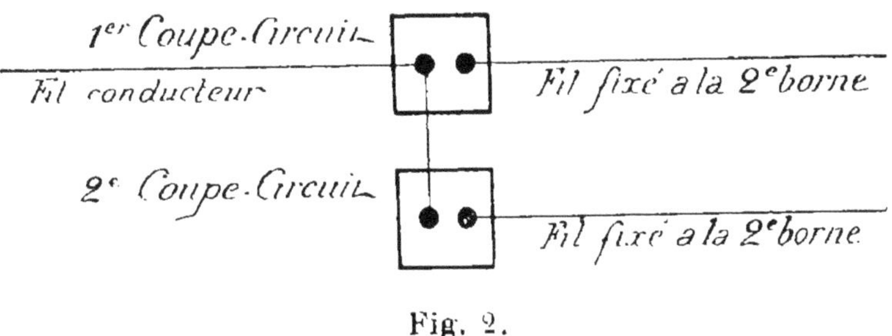

Fig. 2.

où le contact a eu lieu d'une bande de ruban Chatterton.

En dehors des courts-circuits, dont les effets sont, d'ailleurs, arrêtés de suite par les coupe-circuits, des causes d'incendie peuvent être amenées par le contact de deux fils de *retour*, ou d'un fil *conducteur* ou *de renvoi* avec un fil de *retour*, ce contact déterminant de petites étincelles ; il est donc prudent de ne jamais faire passer de fils électriques à proximité d'objets rapidement inflammables et de retirer l'ampoule de la lampe dans les endroits isolés et où l'on se rend très rarement. Dans les caves et les greniers, on ne devrait adopter comme système d'éclairage, que la *prise de courant*, afin de parer à tout événement fâcheux.

Les fils qui ne sont pas branchés sur des fils conducteurs, *positif* ou *négatif,* portent le nom de fils de *retour* ou de *renvoi,* et partent *toujours* de l'interrupteur, du bouton d'appel ou de la poire. On appelle fils de *dérivation,* ceux qui sont soudés à un fil de *retour* ou qui proviennent *indirectement* d'un fil *conducteur.*

Dans certaines villes, on exige que les fils d'éclairage qui suivent les murs, soient placés sous bois, c'est-à-dire renfermés dans des baguettes dont l'une est pourvue de rainures destinées à recevoir chacun des fils, et l'autre à les recouvrir. On emploie, généralement, dans ce cas, des fils enveloppés de gutta-percha.

Les *bons conducteurs* sont ceux qui transmettent le courant électrique ; tous les métaux le sont plus ou moins; parmi les meilleurs, je citerai le *cuivre,* le *bronze* et le *plomb* ; l'eau salée est aussi assez bonne conductrice. Les *mauvais conducteurs* les plus employés sont le *verre,* la *porcelaine* et l'*ivoire.*

Le fil de plomb qui relie les deux bornes d'un coupe-circuit doit être mince, afin qu'il fuse instantanément en cas de court-circuit ; si, en effet, le fil de plomb fondait lentement, le courant continuerait à passer et de graves accidents pourraient alors survenir.

Lorsque l'on branche des fils ou qu'on les soude entre eux, on doit, d'abord, dénuder de son enveloppe isolante l'extrémité des fils que l'on branche ainsi que la partie des fils sur lesquels le branchement est opéré ; après en avoir ensuite ravivé la surface avec la lame d'un couteau, on relie chaque fil au moyen d'une torsade solide qu'on entoure d'un bout de *ruban Chatterton;* il faut éviter que deux ligatures soient placées en face l'une de l'autre et surtout qu'elles se trouvent dans l'intérieur des murs.

Quand une lampe s'allume d'elle-même, c'est qu'il y a communication entre les fils fixés à l'interrupteur ou à la poire ; après avoir recherché l'endroit où se trouve le contact, on isole les fils avec du *ruban Chatterton.* Cette remarque s'applique également aux sonneries électriques.

Les fils exposés à l'humidité doivent être mis sous bois afin de les empêcher de se vert-de-griser : ceux qui traversent des murs seront préservés par une gaîne en cuivre, en caoutchouc ou en porcelaine. Un examen rapide permet de reconnaître la place où un fil est vert-de-grisé ; en effet, l'enveloppe qui le recouvre change de teinte ; de plus, il se casse à la moindre tension. Il y a lieu aussi de veiller à ce que les fils ne soient jamais en contact avec des objets en fer.

Lorsque par suite d'un fait inconnu le courant n'est plus transmis à la lampe, il existe un moyen pratique d'en découvrir assez vite la cause (*fil rompu, vert-de-grisé*, etc.) ; ce moyen est le suivant : en commençant le plus près possible de l'endroit où sont branchés les deux fils qui vont à la lampe, on fait traverser chaque fil par une épingle, en ayant bien soin *de ne pas les faire communiquer entre elles*; on applique ensuite l'extrémité des épingles sur les bornes du culot d'une ampoule; si la lampe s'allume, c'est la preuve que la cause de l'interruption est plus loin ; on continue alors en avançant progressivement, jusqu'à ce que la lampe ne s'allume plus; la raison qui s'opposait au passage du courant, se trouvant circonscrite dans un espace restreint sera plus facilement déterminée. Il faut, avant tout, s'assurer que le fil de plomb du coupe-circuit est intact, que les fils de l'interrupteur ou de la lampe n'ont pas cédé et que les pivots de la douille qui transmettent le courant à la lampe fonctionnent bien. Avant d'entreprendre ces recherches, on doit avoir acquis la certitude, bien entendu, que l'ampoule n'est pas hors d'usage.

Pour reconnaître le pôle *positif* et le pôle *négatif*, on plonge dans un récipient garni d'eau, l'extrémité de chaque fil, après l'avoir dénudée; le fil du pôle *positif* ne se révèle en aucune façon, tandis que du fil du pôle *négatif*, se dégagent de petites bulles produites par le gaz hydrogène, lequel se rend toujours au pôle *positif*. On peut également faire l'expérience avec du papier *tournesol*; celui-ci changera de couleur dès qu'il sera mis en contact avec le fil du pôle *négatif*.

Lorsqu'il existe dans le local où l'on installe un

réseau d'éclairage électrique, des tuyaux de gaz, il convient de placer les fils 10 centimètres environ *au-dessous* des tuyaux de gaz; au cas où l'on serait dans l'absolue nécessité de faire passer des fils sur ces tuyaux, il faudrait alors séparer les deux fils à une distance de 5 centimètres, au moins, de chaque côté des tuyaux et les isoler dans un tube en cuivre ou en caoutchouc.

D'une manière générale, on ne doit pas hésiter à multiplier les coupe-circuits, mais il importe, surtout de s'appliquer à les disposer de façon que les lampes soient à l'abri en cas de court-circuit.

Indépendamment des interrupteurs et des boutons d'appel, on se sert aussi, pour l'éclairage et pour les sonneries, d'un appareil appelé *poire*, nom qu'on lui donne à cause de sa forme.

Par mesure de prudence, il est indispensable de n'employer pour l'éclairage que des fils 9/10 au moins et de s'assurer qu'ils sont très convenablement isolés. Pour les sonneries, on fait usage d'un fil rigide spécial, mais lorsque l'installation comporte une *poire* au lieu d'un *bouton d'appel*, on relie la poire aux fils rigides par des fils souples légers.

Certains appareils d'éclairage, tels que lustres et col-de-cygne, contiennent des ornements compliqués dans lesquels doivent passer les fils électriques ; un procédé commode pour mener les fils à travers les courbes de l'appareil est le suivant : on fixe à l'extrémité d'une ficelle très mince un grain dè plomb, par exemple, que l'on introduit dans l'ouverture du tube; le grain de plomb suit toutes les sinuosités du tube en entraînant la ficelle; une fois cette ficelle passée, on attache à l'autre bout les fils électriques que l'on fait alors facilement suivre en tirant doucement sur la ficelle.

On peut aisément adapter l'éclairage électrique à une suspension à gaz en se servant d'accessoires appelés *raccords*, que l'on visse, soit à la lampe elle-même, soit aux supports de la suspension.

Quelques électriciens relient chacun des fils conducteurs à un coupe-circuit *bipolaire*, comme le montre la figure ci-dessous, et de ce coupe-circuit font partir plusieurs fils destinés à différentes lampes (fig. 3).

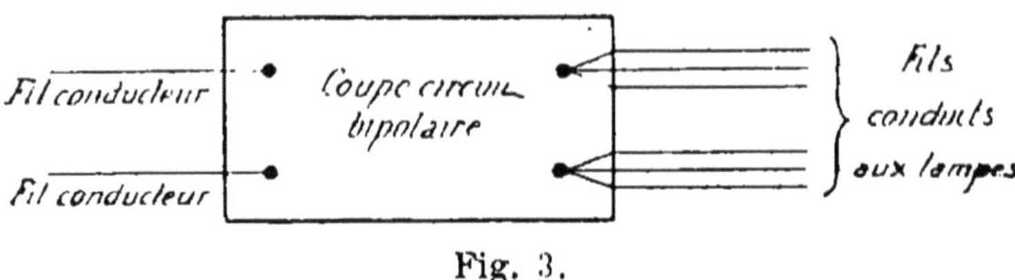

Fig. 3.

Cette façon de procéder n'est pas sans présenter de sérieux inconvénients; en effet, si un court-circuit vient à se produire dans le trajet d'une des lampes au coupe-circuit, toutes les lampes ainsi reliées ne fonctionnent plus, le courant se trouvant interrompu par suite de l'ignition des fils de plomb et l'on est, de ce fait, privé, en même temps, de lumière en plusieurs endroits. Il est donc infiniment préférable d'installer des fils indépendants pour chaque lampe.

Il faut avoir soin de bien assujettir les fils aux interrupteurs, douilles, prises de courant, coupe-circuits, afin de ne pas occasionner une résistance dont le résultat serait de provoquer un échauffement anormal des fils, ce qui pourrait amener une rupture dans le réseau. On verra que les fils électriques sont fixés aux appareils à l'aide d'un écrou ou d'une vis.

Je ne saurai trop recommander de bien s'assurer que les appareils qu'on achète fonctionnent d'une façon irréprochable; la moindre imperfection suffit souvent, en effet, à empêcher le passage du courant et expose à des recherches inutiles. On a donc tout intérêt à vérifier le jeu des pivots de la douille, le contact régulier des commutateurs des interrupteurs et des poires, et à n'accepter une lampe qu'après un essai préalable.

CHAPITRE II

Sonneries

SOMMAIRE. — I. Organisation de la pile et de la sonnerie. II. Indications pour les installations.

I. ORGANISATION DE LA PILE ET DE LA SONNERIE

Le système de pile le plus répandu est le système *Leclanché,* parce qu'il est le moins compliqué.

Une pile se compose ordinairement de deux éléments dont la puissance est d'environ 1 volt ; le nombre d'éléments varie suivant la distance que le courant doit parcourir, en prenant pour base qu'il faut, au moins, deux éléments pour 40 mètres de fils, trois éléments pour 70 mètres, quatre éléments pour 100 mètres et ainsi de suite, en ajoutant un élément quand on augmente la longueur des fils de 30 mètres ou au-dessous.

Un élément est constitué par du charbon et du zinc, réunis dans un vase de verre.

Après avoir rempli d'eau les vases et introduit dans chacun d'eux 100 grammes de sel ammoniac, on les groupe en série, c'est-à-dire que le charbon du premier élément est relié par un fil de laiton au zinc du second, le charbon du deuxième élément au zinc du troisième, en continuant ainsi jusqu'au dernier élément; le zinc du premier élément et le charbon du dernier restent seuls libres ; ils sont pris comme pôles de la batterie ; le *charbon* forme le pôle *positif* et le *zinc*, le pôle *négatif*.

Il est recommandé d'enduire d'une matière grasse les bords des vases pour empêcher les sels, en se cristallisant, d'adhérer aux parois des vases et d'en sortir.

L'entretien d'une batterie consiste uniquement à maintenir le niveau de l'eau dans les vases, à renouveler *entièrement* le liquide dès qu'on s'aperçoit que la force de la pile n'est plus suffisante pour actionner les sonneries et à gratter légèrement avec la lame d'un couteau, les barres de zinc, afin de les dégager des couches de sel qui pourraient s'y être attachées. Ces diverses opérations n'ont généralement besoin d'être faites qu'une fois par an.

En dehors de la pile *Leclanché*, on se sert aussi de la *pile sèche* et de la *pile bouteille* au *bichromate de potasse*, mais la pile *Leclanché* est encore celle qui est la plus renommée à cause de sa simplicité.

Avant de commencer la pose d'une sonnerie électrique, on installe la batterie que l'on relie ensuite à l'appareil de sonnerie en y conduisant les deux fils, *positif* et *négatif*; si la sonnerie estmise en mouvement, c'est que le circuit est bien établi et que l'ensemble fonctionne normalement.

La lamelle qui se trouve dans l'intérieur de la sonnerie et dont le mouvement amène le choc du marteau sur le timbre, doit effleurer la vis de cuivre placée en regard ; cette vis est avancée ou reculée au moyen de l'écrou qu'elle traverse.

L'aspect d'une sonnerie est plus élégant si les fils qui rejoignent les bornes de l'appareil sont terminés en *papillottes* ; on leur donne cette forme en les enroulant autour d'un morceau de bois rond.

II. INDICATIONS POUR LES INSTALLATIONS

1. Pose d'un bouton et d'une sonnette

Le fil *négatif* se rend à une borne de la sonnette ; le fil *positif* est fixé à une paillette du bouton. Un fil de *retour* joint la seconde paillette du bouton à la borne libre de la sonnette (fig. 4).

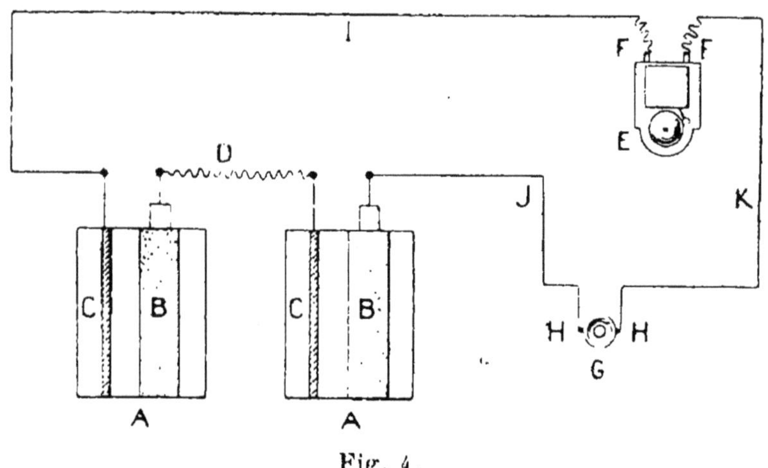

Fig. 4.

A. Eléments. — B. Charbon. — C. Barres de zinc. — D. Fil de laiton. — E. Sonnette. — F. Bornes de la sonnette. — G. Bouton d'appel. — H. Paillettes. — I. Fil négatif. — J. Fil positif. — K. Fil de retour.

2. Pose de plusieurs boutons et d'une sonnette

Le fil *positif* se rend à une paillette du bouton le plus éloigné ; sur ce fil sont branchés des fils de *dérivation*, ensuite fixés à chacun des autres boutons. Le fil *négatif* rejoint une des bornes de la sonnette ; un fil de *retour*, partant du bouton le plus éloigné, est conduit à la seconde borne de la sonnette ; sur ce fil de *retour* sont branchés des fils de *dérivation* qui sont ensuite fixés aux paillettes restées libres des autres boutons (fig. 5).

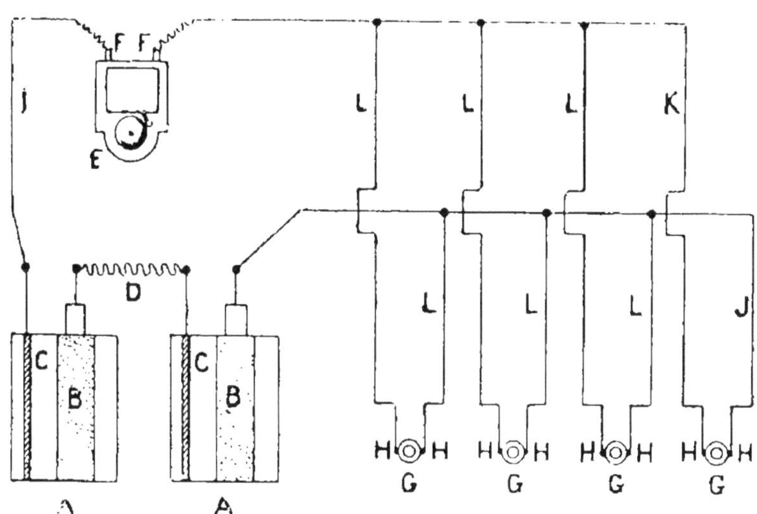

Fig. 5.

A. Eléments. — B. Charbon. — C. Barres de zinc. — D. Fil de laiton. — E. Sonnette. — F. Bornes de la sonnette. — G. Boutons d'appel. — H. Paillettes. — I. Fil négatif. — J. Fil positif. — K. Fil de retour. — L. Fils de dérivation.

3. Pose de trois boutons actionnant trois sonnettes séparées

Le fil *positif* est mené à une paillette du bouton le plus éloigné ; sur ce fil sont branchés des fils de *dérivation* qui rejoignent une des paillettes des autres boutons ; des paillettes restées libres de tous les boutons partent des fils de *retour* que l'on conduit à l'une des bornes de chaque sonnette. Le fil *négatif* rejoint la borne libre de la sonnette la plus éloignée ; ce fil est ensuite relié aux autres sonnettes par des fils de *dérivation* (fig. 6).

Il est loisible d'augmenter le nombre de sonnettes.

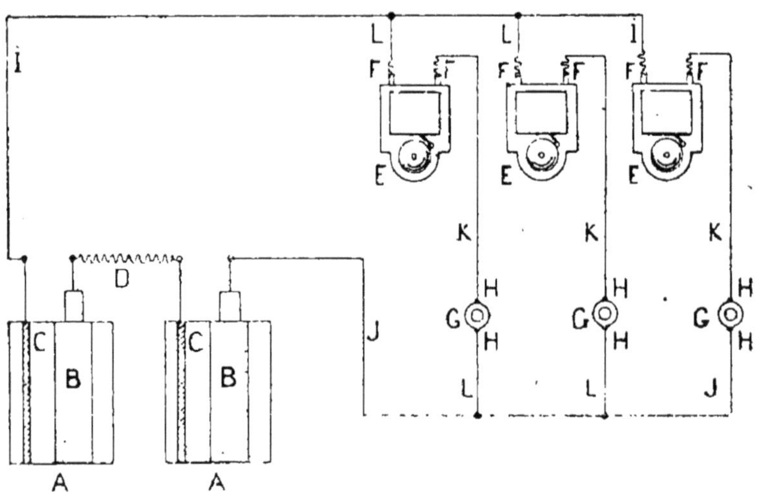

Fig. 6.

A. Eléments — B. Charbon. — C. Barres de zinc. — D. Fil de laiton. — E. Sonnettes. — F. Bornes des sonnettes. — G. Boutons d'appel. — H. Paillettes. — I. Fil négatif. — J. Fil positif. — K. Fils de retour. — L. Fils de dérivation.

4. Pose d'un bouton actionnant ensemble trois sonnettes

Le bouton est relié par un fil au *positif* de la pile ; de la paillette libre du bouton part un fil de *retour* que l'on conduit à une des bornes de la sonnette la plus éloignée ; des fils de *dérivation* branchés sur ce fil de *retour* sont amenés à l'une des bornes des autres sonnettes. Le fil *négatif* rejoint la borne libre de la sonnette la plus éloignée ; de ce fil partent des fils de *dérivation* que l'on fixe aux bornes libres des autres sonnettes (fig. 7).

Le nombre de sonnettes peut être augmenté à volonté.

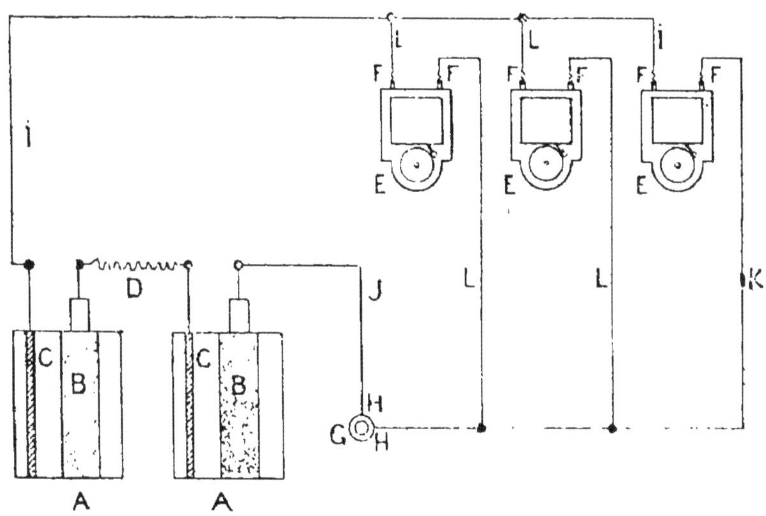

Fig. 7.

A. Eléments. — B. Charbon. — C. Barres de zinc. — D. Fil de laiton. — E. Sonnettes. — F. Bornes des sonnettes. — G. Bouton d'appel. — H. Paillettes. — I. Fil négatif. — J. Fil positif. — K. Fil de retour. — L. Fils de dérivation.

5. Pose d'une sonnette dont le fonctionnement est subordonné à l'allumage ou à l'extinction d'une lampe électrique.

Après avoir branché deux fils sur les fils *conducteurs* du réseau, on en conduit un à une des bornes de la lampe; un fil, partant d'une des bornes d'un *électro-aimant*, est fixé à la borne restée libre de la lampe; l'autre fil *conducteur* est mené à la deuxième borne de l'*électro-aimant* (fig. 8).

La sonnerie est actionnée par une batterie composée du nombre d'éléments nécessaires.

A l'extrémité de l'un des fils de la sonnerie, on adapte une lamelle de *fer doux*, dont le fonctionnement doit être parfaitement libre, c'est-à-dire que ses mouvements ne doivent être contrariés par aucune résistance; cette lamelle de *fer doux* est placée à proximité de l'*électro-aimant*; le deuxième fil de la sonnerie est muni d'une petite tige de cuivre, solidement assujettie.

Lorsque la lampe est allumée, le courant, en traversant l'*électro-aimant*, attire la lamelle de *fer doux*; le circuit de la sonnerie étant, de ce fait, coupé, la sonnette ne fonctionne plus; par contre, quand le courant qui permet l'allumage de la lampe est interrompu par une cause quelconque, la lamelle de *fer doux*, revenant à son point de départ se remet en contact avec la tige de cuivre; le courant qui actionne la sonnerie se trouvant alors rétabli, la sonnette se remet aussitôt en marche.

Si l'on tient à laisser parfois au repos, éclairage et sonnerie, il suffit d'installer sur le parcours des réseaux autant d'interrupteurs que l'on désire, en faisant passer dans chacun d'eux un des fils *conducteurs*.

Il n'échappera pas que cette combinaison peut rendre de très utiles services en l'appliquant, par exemple, à une porte donnant accès sur la rue, au moyen d'un interrupteur avec commutateur fonctionnant à l'aide d'un *levier* (ce modèle se trouve dans le commerce), placé au-dessus de l'encadrement de la porte et d'une lame en acier flexible assujettie à la partie supérieure de la porte, laquelle lame aurait pour mission, en agissant sur le levier de l'interrupteur, de couper le courant de la lampe quand la porte s'ouvrirait et de le rétablir dès que la porte serait refermée. Ainsi qu'on le voit, l'ouverture de la porte aurait pour résultat de mettre de suite la sonnette en mouvement, ce qui permettrait d'être aussitôt prévenu.

On remarquera que cette combinaison ne saurait être comparée à celle qui consiste à faire fonctionner automatiquement une sonnerie électrique à l'aide d'un appareil, très connu, adapté au-dessus d'une porte, attendu que si, seulement, un des fils de la sonnerie était coupé, celle-ci serait arrêtée, tandis qu'avec le système indiqué plus haut, la rupture même de l'un des fils allant à la lampe, aurait, au contraire, pour conséquence d'actionner immédiatement la sonnette.

Il convient naturellement de mettre à l'abri de toute tentative malveillante ce qui se rapporte à la sonnerie,

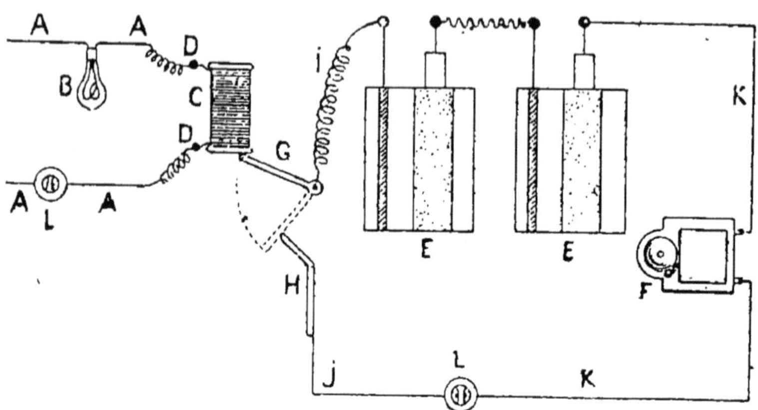

Fig. 8.

A. Fils conducteurs de la lampe. — B. Lampe. — C. Electro-aimant. — D. Bornes de l'électro-aimant. — E. Piles de la sonnerie. — F. Sonnette. — G. Lamelle de fer doux. — H. Tige de cuivre. — I. Fil auquel est adaptée la lamelle de fer doux. — J. Fil auquel est fixée la tige de cuivre. — K. Fils menés à la sonnette. — L. Interrupteurs.

CHAPITRE III

Lumière

Sommaire. — I. Observations préliminaires.
II. Indications pour les installations.

I. OBSERVATIONS PRÉLIMINAIRES

Avant de procéder à une installation électrique, il faut, d'abord, mener à l'endroit où sera placé le compteur, deux fils rigides recouverts de gutta-percha, que l'on met sous bois ; ces fils sont destinés à être joints à ceux de l'usine électrique ; on fixe ensuite l'autre extrémité de ces fils aux bornes d'un coupe-circuit *bipolaire* ; de ce coupe-circuit partent deux fils souples qui serviront de *conducteurs* pour les divers branchements qu'on aura à pratiquer.

Bien qu'il suffise d'un peu de réflexion pour se rendre compte de la destination des différents organes d'un appareil, je crois cependant devoir faire remarquer que dans les interrupteurs et poires à *trois plots*, une armature en cuivre assure la relation *directe et constante* du plot *conducteur* avec les commutateurs. Le plot *conducteur* est donc facilement reconnaissable.

Les différentes formes d'interrupteurs et de commutateurs dont on est appelé à se servir, sont les suivantes (fig. 9) :

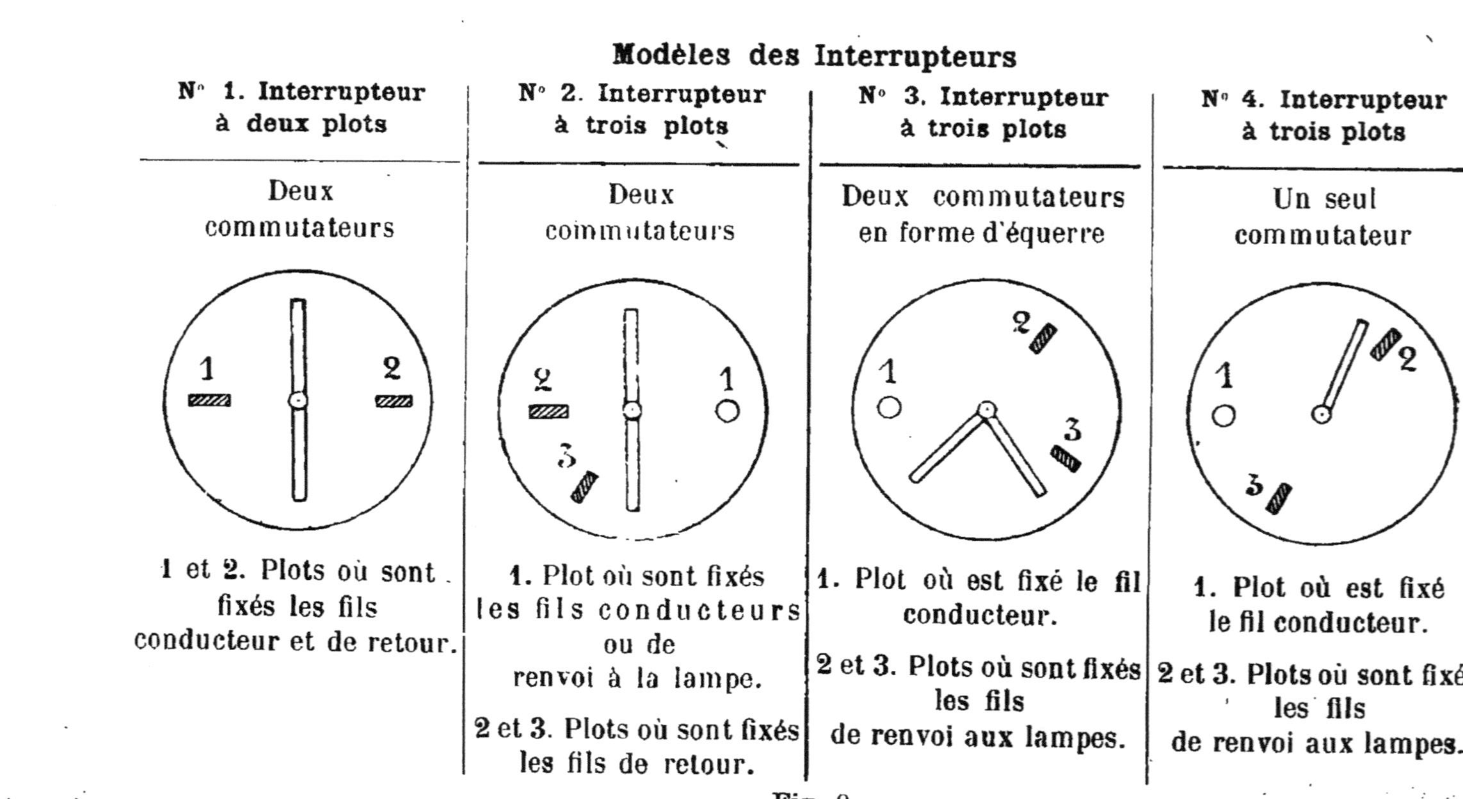
Modèles des Interrupteurs
N° 1. Interrupteur à deux plots
Deux commutateurs
1
2
1 et 2. Plots où sont fixés les fils conducteur et de retour.
N° 2. Interrupteur à trois plots
Deux commutateurs
2
1
3
1. Plot où sont fixés les fils conducteurs ou de renvoi à la lampe.
2 et 3. Plots où sont fixés les fils de retour.
N° 3. Interrupteur à trois plots
Deux commutateurs en forme d'équerre
2
1
3
1. Plot où est fixé le fil conducteur.
2 et 3. Plots où sont fixés les fils de renvoi aux lampes.
N° 4. Interrupteur à trois plots
Un seul commutateur
1
2
3
1. Plot où est fixé le fil conducteur.
2 et 3. Plots où sont fixés les fils de renvoi aux lampes.

Fig. 9.

Les commutateurs servent à livrer le passage au courant électrique dès qu'on les met en communication avec les plots où sont fixés les fils de retour ou de renvoi.

Il existe un assez grand nombre de modèles d'interrupteurs ; ceux dont la manette tourne dans tous les sens sont les plus appréciés. Pour retirer le couvercle de certains interrupteurs, il faut enlever la vis placée au centre de la manette.

II. INDICATIONS POUR LES INSTALLATIONS

1. Pose d'une prise de courant

On fixe à la prise de courant deux fils qu'on a d'abord eu soin de souder aux fils *conducteurs*, puis au chapeau, deux fils qui rejoignent les deux bornes de la lampe (fig. 10).

Pour obtenir la lumière, il suffit d'introduire les deux tiges de cuivre du chapeau dans la prise de courant.

On prend également le courant à la douille d'une lampe au moyen d'un petit appareil appelé *bouchon*, qu'on peut, si l'on veut, monter sur deux fils branchés sur ceux du chapeau, ainsi que l'indique la figure 10 ; de cette façon, on a la faculté de recourir indifféremment à une prise de courant ou à une douille. Quand on emploie le *bouchon* pour amener le courant, veiller à ne pas toucher avec un objet en métal les deux tiges de cuivre du chapeau ; ces tiges étant elles-mêmes électrisées, un court-circuit s'en suivrait.

Pour fixer les fils au *chapeau* d'une prise de courant, on enlève les vis qui retiennent la partie supérieure du chapeau à la rondelle placée au-dessous ; c'est cette rondelle qui reçoit les fils.

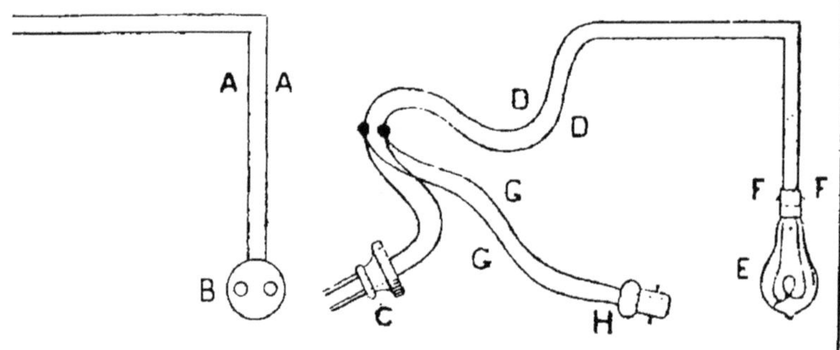

Fig. 10.

A. Fils conducteurs. — B. Prise de courant. — C. Chapeau. — D. Fils menés à la lampe. — E. Lampe. — F. Bornes de la lampe. — G. Fils reliant le bouchon aux fils du chapeau. — H. Bouchon.

Comme pour les *poires*, on dévisse le dessus du *bouchon* pour assujettir les fils. Un *bouchon* s'introduit dans la douille de la même façon qu'une ampoule.

2. Pose d'une applique, d'un col-de-cygne ou d'un plafonnier

(Interrupteur à deux plots. — Modèle n° 1)

Après avoir branché deux fils sur les fils conducteurs, on en conduit un à l'un des plots de l'interrupteur et l'autre à l'une des bornes de la lampe ; un fil de retour partant du plot libre de l'interrupteur rejoint la borne libre de la lampe (fig. 11 et 12).

Les plafonniers sont *simples* ou à *contrepoids* ; la rosace qui est vissée au plafond, et que les fils traversent avant de rejoindre la lampe, n'est pas du même modèle pour les plafonniers *simples* et

Applique ou col-de-cygne. Plafonnier simple.

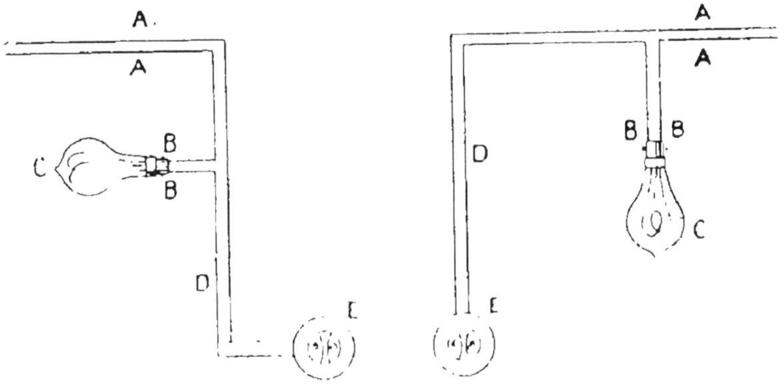

Fig. 11. Fig. 12.

A. Fils conducteurs. — B. Bornes des lampes. — C. Lampes. — D. Fils de retour. — E. Interrupteurs.

pour ceux à *contrepoids* ; voici comment on procède pour ces derniers, les seuls qui nécessitent une explication : Après avoir traversé la rosace, les fils sont engagés dans une roulette fixée au contrepoids ; ils sont ensuite menés à une deuxième roulette assujettie à la rosace, puis conduits à la lampe, en passant dans un anneau placé à la partie inférieure du contrepoids.

L'intérieur du contrepoids doit être garni de grains de plomb en quantité suffisante pour permettre de le maintenir à la hauteur désirée.

Pour les deux espèces de plafonniers, la pose des fils est naturellement la même.

3. Pose d'une lampe s'allumant ou s'éteignant au moyen de deux interrupteurs

(Interrupteurs à trois plots. — Modèle n° 2)

Un des deux fils branchés sur les fils conducteurs est mené à l'une des bornes de la lampe et l'autre au plot *conducteur* de l'un des interrupteurs ; du

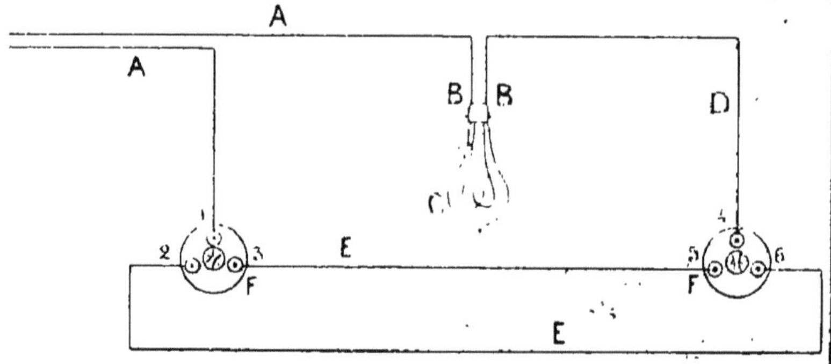

Fig. 13.

A. Fils conducteurs. — B. Bornes de la lampe. — C. Lampe. — D. Fil de renvoi. — E. Fils de retour. — F. Interrupteurs.

plot *conducteur* de l'autre interrupteur part un fil de renvoi qui va rejoindre la seconde borne de la lampe ; deux fils de retour fixés aux plots restés libres associent les deux interrupteurs (fig. 13).

POSITION DES COMMUTATEURS POUR L'ALLUMAGE ET L'EXTINCTION

Allumage. — Mise en contact des fils 1, 2, 6 et 4.
Extinction. — Mise en contact des fils 1, 2, 5 et 4.

Allumage. — Mise en contact des fils 1, 3, 5 et 4.
Extinction. — Mise en contact des fils 1, 3, 6 et 4.

Il est presque superflu de faire observer que le fil placé au plot n° 2 du premier interrupteur pourrait, aussi bien, être fixé au plot n° 5 qu'au plot n° 6 du deuxième interrupteur ; la direction des commutateurs, pour l'allumage et pour l'extinction, ne serait plus la même que dans l'exemple donné, tout simplement ; la seule chose qui importe, en effet, c'est que le courant soit ou ne soit pas arrêté dans sa course.

4. Pose d'une lampe s'allumant ou s'éteignant au moyen de deux interrupteurs

Interrupteurs à deux plots. — Modèle n° 1

Lorsque la disposition du local s'y prête et qu'il n'en résulte aucun inconvénient pour la commodité de l'installation et l'usage que l'on veut en faire, on peut placer une lampe, dans une chambre à coucher, principalement, s'allumant ou s'éteignant au moyen de deux interrupteurs à deux plots seulement, ce genre d'installation étant plus économique et moins compliqué que le précédent ; un interrupteur est placé à la porte d'entrée de la chambre et un second à la tête du lit. La seule recommandation à faire pour que ce mode d'installation fonctionne normalement, consiste à rétablir, le matin, le courant par l'interrupteur de la tête du lit et à le couper aussitôt par l'interrupteur de la porte d'entrée.

Voici comment on procède pour cette installation :

Les deux interrupteurs reçoivent chacun un des fils *conducteurs* ; des fils de retour, partant de

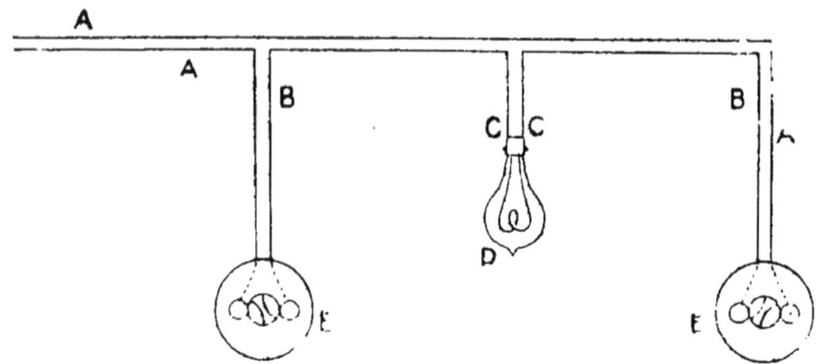

Fig. 14.

A. Fils conducteurs. — B. Fils de retour. — C. Bornes de la lampe. — D. Lampe. — E. Interrupteurs.

chaque interrupteur, sont ensuite fixés aux deux bornes de la lampe (fig. 14).

5. Pose de deux lampes s'allumant ou s'éteignant au moyen d'un seul interrupteur (Allumage intermittent ou simultané).

(Interrupteur à trois plots. — Modèle n° 3)

Un des fils branchés sur les fils conducteurs est fixé au plot *conducteur* de l'interrupteur ; l'autre fil rejoint une borne de l'une des lampes ; sur ce fil on en branche un en dérivation, que l'on mène à une des bornes de l'autre lampe ; deux fils de retour, partant de l'interrupteur, se rendent à chacune des bornes restées libres des deux lampes.

Ce genre d'installation peut comporter un plus grand nombre de lampes ; il suffit de brancher sur

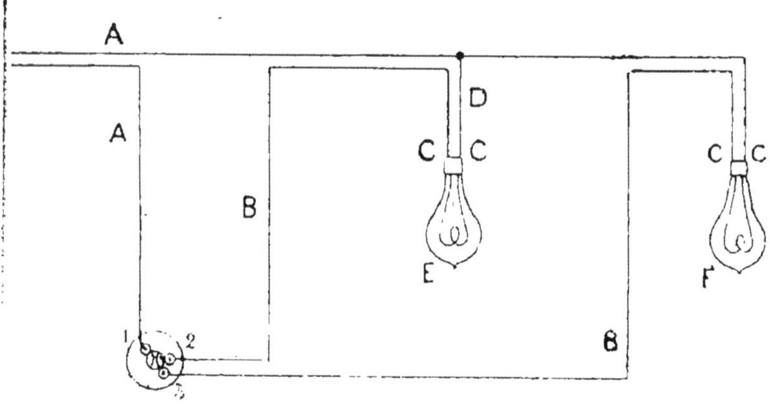

Fig. 15.

A. Fils conducteurs. — B. Fils de retour. — C. Bornes des lampes. — D. Fil de dérivation. — E F. Lampes.

chacun des fils, conducteur et de retour, la quantité de fils suffisante, que l'on conduit ensuite aux diverses lampes (fig. 15).

POSITION DES COMMUTATEURS POUR L'ALLUMAGE ET POUR L'EXTINCTION

Allumage de la lampe E. — Mise en contact des fils 1 et 2.

Allumage de la lampe F et extinction de la lampe E. — Mise en contact des fils 1 et 3.

Allumage simultané des lampes E et F. — Mise en contact des fils 1, 2 et 3.

Extinction des lampes E et F. — Commutateurs dans le vide.

6. Pose de deux lampes s'allumant ou s'éteignant au moyen de deux interrupteurs. Allumage de la première lampe ; extinction de la première lampe par l'allumage de la seconde ; extinction de la seconde lampe par l'allumage de la première ; extinction des deux lampes.

(Le premier interrupteur est à deux plots. — Modèle n° **1** ; le second est à trois plots. — Modèle n° **2**).

Un des deux fils branchés sur les fils conducteurs est mené au premier interrupteur et l'autre fil, au plot *conducteur* du deuxième interrupteur ; un fil de retour, partant du premier interrupteur, est soudé à une des bornes de la première lampe ; un fil de dérivation, branché sur ce fil de retour, rejoint une des bornes de la deuxième lampe ; deux fils de retour, partant du deuxième interrupteur, sont conduits à chacune des bornes restées libres des deux lampes (fig. 16).

Cette forme d'installation peut surtout convenir pour des water-closet, quand ils sont situés à une certaine distance de l'appartement ; dans ce cas, et afin de ne pas faire jouer inutilement la manette du premier interrupteur, il est facile de signaler que la place est occupée, par une indication quelconque mise à côté du premier interrupteur.

On remarquera que cette combinaison a pour avantages, d'abord, de ne pas laisser brûler une lampe sans nécessité et, en second lieu, d'éviter l'oubli d'éteindre la lampe des water-closet, car on se trouverait alors privé de lumière pour le retour.

Il est évident que l'allumage doit toujours com-

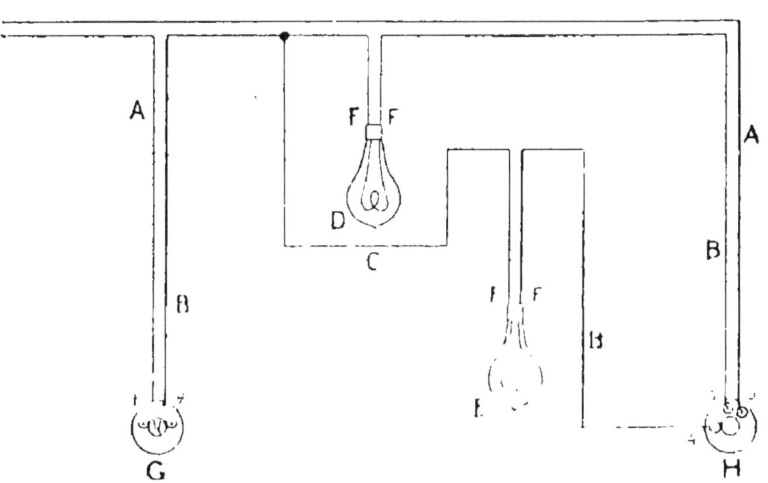

Fig. 16.

A. Fils conducteurs. — B. Fils de retour. — C. Fil de dérivation. — D. Première lampe. — E. Deuxième lampe. — F. Bornes des lampes. — G. Premier interrupteur. — H. Deuxième interrupteur.

mencer par le premier interrupteur et que c'est aussi par lui que l'extinction complète est obtenue.

POSITION DES COMMUTATEURS POUR L'ÉCLAIRAGE ET POUR L'EXTINCTION

Allumage de la première lampe

Premier Interrupteur	*Deuxième Interrupteur*
Mise en contact des fils 1 et 2.	Mise en contact des fils 3 et 5.

Allumage de la deuxième lampe et extinction de la première lampe

Premier Interrupteur	*Deuxième Interrupteur*
Le premier contact ne change pas.	Mise en contact des fils 4 et 5.

Allumage de la première lampe et extinction de la deuxième lampe

Premier Interrupteur	*Deuxième Interrupteur*
Le premier contact ne change pas.	Mise en contact des fils 3 et 5.

Extinction des deux lampes

Premier Interrupteur	*Deuxième Interrupteur*
Commutateurs dans le vide.	Le dernier contact ne change pas.

7. **Pose de plusieurs lampes actionnées au moyen d'un interrupteur, lequel sert à donner et à interrompre complètement le courant ; la douille de chaque lampe est, en effet, munie d'un interrupteur, de sorte qu'il est facultatif d'allumer ou d'éteindre le nombre de lampes que l'on désire.**

(Interrupteur à deux plots. — Modèle n° 1)

Un des fils conducteurs est fixé à l'une des bornes de la lampe la plus éloignée et l'autre fil à un des plots de l'interrupteur ; un fil de retour partant du second plot de l'interrupteur, est conduit à la borne libre de la lampe la plus éloignée ; des fils de dérivation branchés, les uns sur le fil conducteur de cette dernière lampe et les autres sur le fil de retour de l'interrupteur, sont conduits à chacune des bornes des autres lampes (fig. 17).

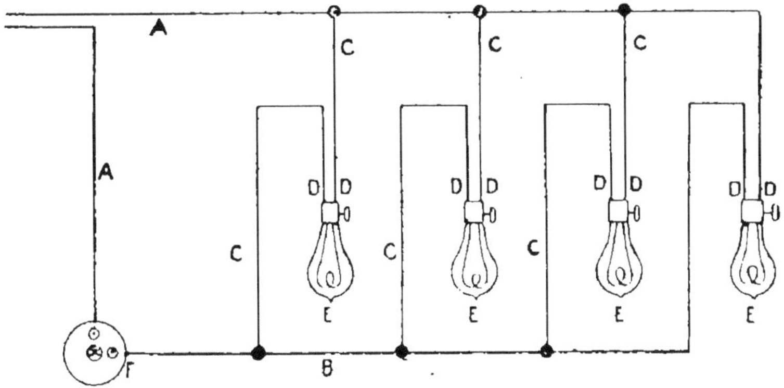

Fig. 17.

A. Fils conducteurs. — B. Fil de retour. — C. Fils de dérivation. — D. Bornes des lampes. — E. Lampes. — F. Interrupteur.

8. Pose d'une lampe avec deux interrupteurs indépendants l'un de l'autre : chaque interrupteur, séparément, permet d'allumer et d'éteindre.

(Interrupteurs à deux plots. — Modèle n° 1)

Un des fils conducteurs est fixé au premier interrupteur et l'autre fil à l'une des bornes de la lampe; un fil de retour partant de cet interrupteur, rejoint la borne libre de la lampe; deux fils de dérivation venant l'un du fil conducteur fixé au premier interrupteur et l'autre du fil de retour soudé à la lampe, sont conduits au deuxième interrupteur.

Il n'échappera pas que l'extinction ne peut s'obtenir que par l'interrupteur qui a servi pour l'allumage (fig. 18).

Cette combinaison a certainement une très grande analogie avec celle relatée sous le n° 3, mais elle a sur elle le sérieux avantage de coûter un peu moins cher et surtout de pouvoir aisément s'adapter à

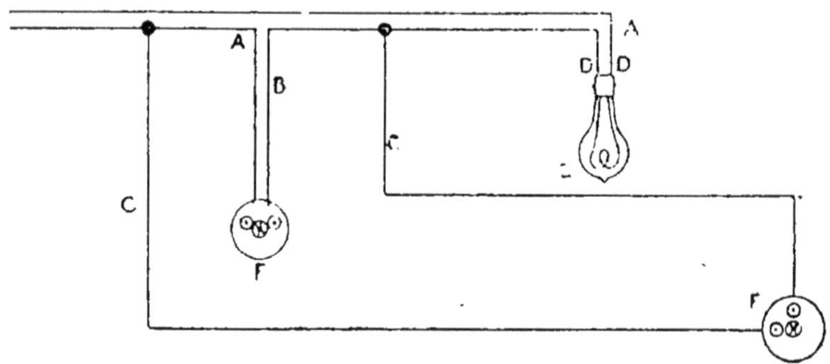

Fig. 18.

A. Fils conducteurs. — B. Fil de retour. — C. Fils de dérivation. — D. Bornes de la lampe. — E. Lampe. — F. Interrupteurs.

une installation déjà faite et qui ne comporterait qu'un interrupteur à deux plots. Dans une chambre à coucher à deux lits, ce système d'allumage et d'extinction répondrait à toutes les exigences.

9. Pose de deux lampes s'allumant ou s'éteignant l'une après l'autre au moyen d'un seul interrupteur.

(Interrupteur à trois plots. — Modèle n° 4)

Un des fils conducteurs est fixé à une borne de la lampe la plus éloignée et l'autre fil au plot *conducteur* de l'interrupteur; un fil de dérivation, branché sur le fil conducteur de cette dernière lampe, est amené à une des bornes de la deuxième

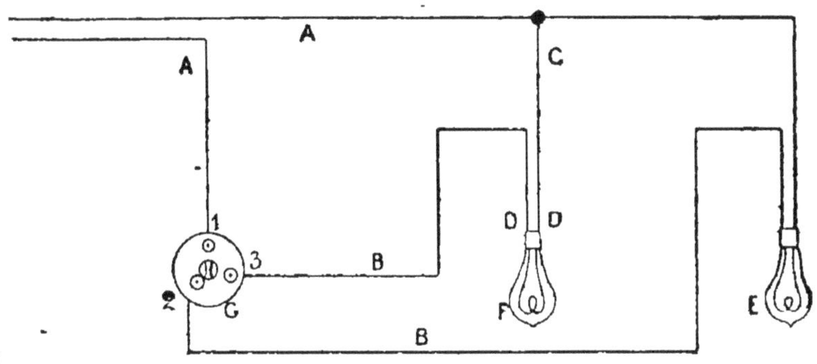

Fig. 19.

A. Fils conducteurs. — B. Fils de retour. — C. Fil de dérivation. — D. Bornes de la lampe. — E. Première lampe. — F. Deuxième lampe. — G. Interrupteur.

lampe; de l'interrupteur partent deux fils de retour qui vont rejoindre les bornes libres des deux lampes (fig. 19).

POSITION DES COMMUTATEURS POUR L'ALLUMAGE ET POUR L'EXTINCTION

Allumage de la première lampe E. — Mise en contact des fils 1 et 2.

Extinction de la première lampe E et allumage de la deuxième lampe F. — Mise en contact des fils 1 et 3.

Extinction des deux lampes. — Commutateur dans le vide.

10. Montage en série de plusieurs lampes

(Interrupteur à deux plots. — Modèle n° 1)

Dans le montage en série, un des fils conducteurs est mené à la dernière lampe et l'autre fil à l'interrupteur; un fil de retour, venant de l'interrupteur, est fixé à la première borne de la première lampe; de la deuxième borne de cette lampe part un fil qui rejoint la première borne de la deuxième lampe;

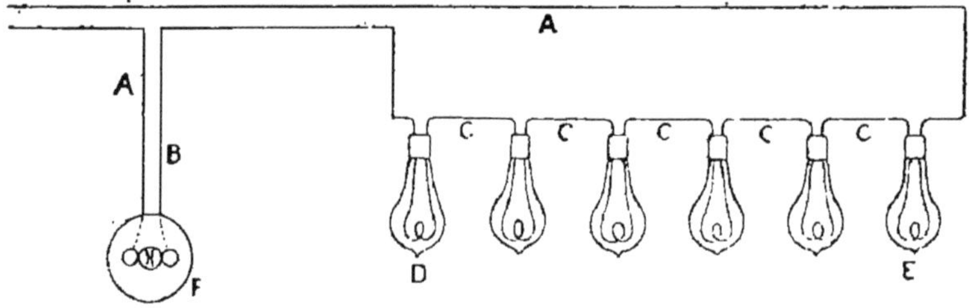

Fig. 20.

A. Fils conducteurs. — B. Fil de retour. — C. Fils reliant les lampes entre elles. — D. Première lampe. — E. Dernière lampe. — F. Interrupteur.

de la deuxième borne de cette lampe, un fil est conduit à la première borne de la troisième lampe et ainsi de suite jusqu'à la dernière lampe (fig. 20).

Toutes les lampes étant reliées entre elles, chaque lampe ne perçoit que la fraction d'énergie correspondante au nombre de lampes installées ; le voltage des lampes doit donc être choisi en conséquence ; c'est ainsi, par exemple, que si l'on installe six lampes en série et que le courant transmis par l'usine électrique est de 120 volts, chaque lampe devra avoir une résistance de 20 volts.

On ne perdra pas de vue, non plus, qu'il est absolument essentiel que toutes les lampes aient, non seulement, le même voltage, mais encore le même nombre de bougies.

CHAPITRE IV

Lampes

Sommaire. — I. Lampes incandescentes. — II. Lampes à arc. — III. Lampes dites « de poche ».

I. LAMPES INCANDESCENTES

Il existe deux sortes de lampes incandescentes, les unes à *filaments de carbone* et les autres à *filaments métalliques*. Les premières sont très solides, ne coûtent pas cher, mais consomment beaucoup, en moyenne 3 watts 5 par bougie et par heure; les secondes sont fragiles et d'un prix plus élevé, par contre, elles consomment bien moins, environ 1 watt 5 par bougie et par heure; il en résulte qu'on aurait intérêt à n'employer que des lampes à *filaments métalliques*, surtout lorsque la lampe est appelée à rester longtemps allumée; d'un autre côté, la lumière fournie par une lampe à *filaments métalliques*, est infiniment plus vive que celle produite par les lampes à *filaments de carbone*.

Les lampes incandescentes sont de 5, 10, 16, 20, 25, 32 bougies et au-dessus. On notera que plus les lampes à *filaments de carbone* ont un nombre restreint de bougies, plus leur consommation est grande, toute proportion, naturellement, gardée; c'est ainsi, par exemple, qu'une lampe de 16 bougies consommera environ 48 watts par heure, alors qu'une lampe de 5 bougies en consommera, en moyenne, 25 pour la même durée de temps.

Les ampoules des lampes à *filaments métalliques* ne doivent être nettoyées qu'*allumées*; étant à *froid*, les filaments risquent de se rompre; il faut, dans tous les cas, les traiter avec ménagement. Lorsqu'un des filaments se casse, on parvient assez souvent à le réparer; après avoir placé la lampe sur le courant, on frappe légèrement sur l'ampoule afin de provoquer la vibration du filament coupé et de l'amener en contact avec un des filaments voisins sur lequel il arrive parfois à se ressouder.

La durée normale d'une lampe incandescente est d'environ huit cents heures.

En principe, le voltage d'une lampe doit être semblable à celui du courant transmis par l'usine électrique, en tenant compte que plus on est rapproché de la source électrique, plus la puissance du courant est élevée. Une tolérance en plus ou en moins est, toutefois, admise, mais il ne faut pas que l'écart soit important; l'énergie étant, par exemple, de 120 volts, la résistance de la lampe ne devra pas être inférieure à 115 ni supérieure à 125; dans le premier cas, la lampe risquerait d'être brûlée et dans le second, le foyer lumineux serait considérablement affaibli, sans le moindre profit au point de vue de la consommation.

L'ampoule de la lampe est pourvue d'un *culot* avec deux petits *tenons*, dont le but est de s'engager dans une monture en cuivre ou *douille*, suivant le mode dit à *baïonnette*. Le culot de l'ampoule, une fois engagé dans la douille, il suffit de lui imprimer un mouvement de gauche à droite pour que les tenons se trouvant dans les rainures, la lampe soit solidement maintenue, d'autant mieux qu'elle est repoussée par les deux pivots fixés à la douille et montés sur des ressorts à boudin.

La douille de la lampe est assujettie au moyen d'une bague que l'on visse à fond, en ayant soin, au préalable, de bien placer les *taquets* de la rondelle de porcelaine, *à laquelle sont fixées les bornes de la lampe,* dans les encoches de la douille.

II. LAMPES A ARC

Le voltage des lampes à arc doit être égal à la puissance du courant fourni par l'usine électrique; elles sont de 50 volts au maximum. D'une façon générale, on en installe au moins deux en série, afin que chacune d'elles absorbe la moitié de la force du courant; si cette force est encore supérieure au voltage réuni des deux lampes, on a recours à un appareil dit de *résistance*, dont le rôle est de détourner l'excédent d'énergie.

On emploie plusieurs systèmes de lampes à arc; les unes, *avec mécanisme*, les autres, *sans mécanisme*: il est préférable de choisir les dernières; le mécanisme des premières est exposé à s'encrasser, ce qui préjudicie au bon fonctionnement de l'appareil.

Dans les lampes à arc, le foyer d'éclairement est constitué par une étincelle permanente jaillissant entre deux crayons de charbon, le premier *positif*, celui du haut, et le second, *négatif*, celui du bas. Pour que la lumière s'obtienne, il faut que les deux extrémités des charbons soient *légèrement* écartées l'une de l'autre.

Lorsque le courant électrique est *continu*, le charbon relié au pôle *négatif*, sous l'influence du courant, se taille en pointe, tandis que celui relié au pôle *positif*, par où arrive le courant, se creuse en une cavité nommée *cratère*, et s'use deux fois plus vite; si l'arc est produit par des courants *alternatifs*, les deux crayons de charbon se consument de même.

Contrairement à ce qui se passe pour les lampes incandescentes, les lampes à arc sont munies de bornes spéciales pour recevoir les fils *positif* et *négatif*; chacune de ces bornes est, d'ailleurs, désignée par la lettre P ou N; on doit donc veiller à ne pas confondre les pôles; au surplus, on s'apercevrait de suite d'une erreur de cette nature, car la lumière, au lieu de se produire en bas, se produirait en haut de l'appareil.

Parmi les lampes à arc sans mécanisme, la moins compliquée est la lampe *Bardon*; la construction et le fonctionnement de cette lampe sont des plus simples; son entretien consiste, uniquement, à remplacer les crayons de charbon quand on voit qu'ils sont assez usés pour ne plus fournir un éclairage suffisant.

Une lampe *Bardon* de 500 bougies consomme, environ, 3 hectowatts à l'heure.

III. LAMPES DITES « DE POCHE »

Les lampes dites « de poche » sont de deux sortes : à *pile sèche* ou avec *accumulateur* ; les premières sont plus légères et moins encombrantes que les secondes.

Les éléments constitutifs de la *pile sèche* sont le charbon de cornue, *pôle positif* et le zinc, *pôle négatif*. Une pile sèche se compose généralement de trois éléments accouplés au moyen d'un fil de laiton. Le charbon est introduit dans des tubes en zinc, séparés par une feuille de carton ; le tout est ensuite recouvert d'une forte couche de gutta-percha, de façon à former un ensemble compact et résistant. Ces piles, qu'on se procure un peu partout, sont glissées dans des boîtes de métal pourvues d'une lampe et dont l'agencement intérieur permet de donner et de couper le courant ; c'est par la boîte que le circuit s'établit. Deux lamelles de cuivre, l'une *positive*, l'autre *négative*, soudées de chaque côté de la pile, servent à conduire le courant à la lampe ; une de ces lamelles doit toujours s'appuyer complètement sur une borne de la lampe et il faut que l'autre soit assez rapprochée du bouton de la boîte pour qu'à la moindre pression, ce bouton soit mis en contact avec cette lamelle.

mulateur ; le renouvellement fréquemment répété d'une *pile sèche* devient, en effet, très coûteux, alors que les frais qu'entraîne le rechargement d'un *accumulateur*, quand on y procède soi-même, sont insignifiants.

CHAPITRE V

Compteur électrique

Comme tous les mécanismes, celui des compteurs électriques est susceptible de se déranger, de sorte que si l'on constate que la consommation semble exagérée, il ne faut pas hésiter à exiger immédiatement la vérification du compteur et, au besoin, son remplacement.

Ces appareils ne doivent jamais être placés contre une cloison, une forte trépidation suffisant quelquefois à les actionner.

Il est nécessaire, sous peine de le détériorer, que le compteur ait une force en rapport avec le nombre de bougies dont se compose l'installation ; cette force s'entend *toutes lampes allumées ;* mais, au point de vue théorique, cette force est basée sur la quantité de lampes installées, chaque lampe considérée comme étant de 16 bougies à *filaments de carbone ;* l'ampère représentant 32 bougies à *filaments de carbone,* il faudra, par conséquent, 2 lampes de 16 bougies pour 1 ampère ; de sorte que si l'on installe, par exemple, 10 lampes, on aura :

$$10 \times 16 = 160 : 32 = 5$$

le compteur devra avoir, dans ce cas, la force de 5 ampères. Ce mode de procéder est, évidemment, simple et rapide, mais la solution est inexacte en ce qui concerne les lampes à *filaments métalliques,* celles-ci consommant beaucoup moins que les lampes à *filaments de carbone.* Pour déterminer, d'une façon aussi juste que possible, la force que doit présenter un compteur, on multiplie le nombre de watts que consomme par heure chaque lampe par la quantité de lampes installées et l'on divise le produit obtenu par le voltage du courant. En admettant qu'on ait 10 lampes à *filaments métalliques* de 16 bougies, consommant 1 watt 5 par heure et par bougie et que le courant soit de 120 volts, le calcul donnera :

$$16 \times 1.5 = 24 \times 10 = 240 : 120 = 2$$

La puissance exigée pour le compteur serait donc de 2 ampères seulement avec le même nombre de lampes et de bougies.

Ainsi qu'on le voit, un compteur de 5 ampères permettrait d'avoir plus de 10 lampes de 16 bougies, à la condition, toutefois, qu'elles soient toutes à *filaments métalliques.*

Quand on s'absente pour longtemps ou qu'un orage éclate, il est prudent de couper le courant au compteur en se servant du moyen adopté par l'usine électrique et qu'on devra se faire indiquer.

A ces appareils sont adaptés des cadrans destinés à mentionner le chiffre de la consommation ; en commençant par la droite, le premier cadran donne les *watts,* le second, les *déca-watts* et les autres les

10 Hecto-Watts par degré.
1 Hecto-Watt par degré.
1 Watt par degré.
100 Hecto-Watts par degré.
1000 Hecto-Watts par degré.
1 Déca-Watt par degré.

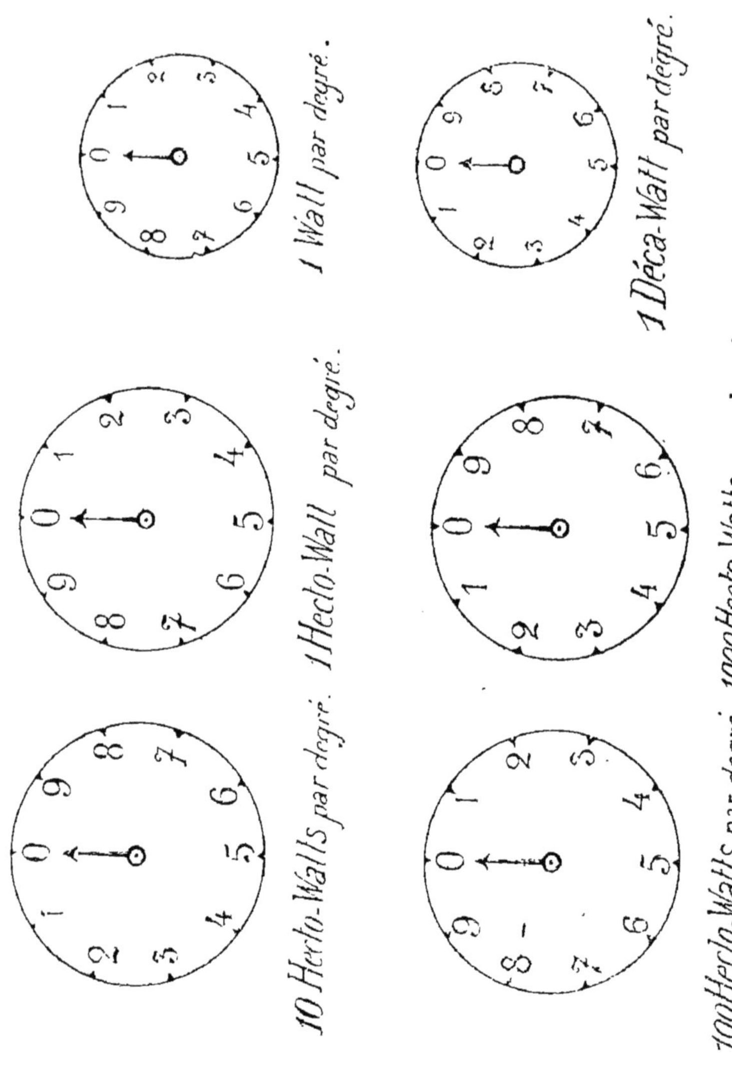

Fig. 21.

hecto-watts ; chaque cadran est divisé en 10 degrés, de sorte qu'un tour du premier cadran correspond à 1 déca-watt, un tour du second, à 1 hecto-watt, et ainsi de suite, chaque tour d'un cadran représentant 1 degré de celui qu'il précède.

Les indications fournies par les différents cadrans se lisent, pour les uns, de gauche à droite et pour les autres, de droite à gauche.

Voir ci-contre (fig. 21) comment sont disposés les divers cadrans d'un compteur électrique.

CHAPITRE VI

Ventilateurs électriques

Les ventilateurs électriques sont construits pour courant *continu* ou pour courant *alternatif;* pour que l'appareil fonctionne, il est indispensable de choisir le système approprié au genre de courant transmis par l'usine électrique.

La mise en marche d'un ventilateur, quel que soit le système, s'obtient en fixant deux fils aux bornes de l'appareil qu'on relie ensuite à une prise de courant. On notera, toutefois, que pour les ventilateurs à courant *alternatif*, l'appareil ne fonctionnera qu'autant que les fils soudés aux deux bornes, *positive* et *négative*, de l'appareil seront mis chacun en contact avec le fil de l'installation provenant du même pôle ; en cas d'erreur, il est facile de s'en rendre compte et d'y remédier aussitôt.

Le moteur d'un ventilateur doit avoir une résistance à peu près équivalente à la puissance du courant électrique ; la force de ces appareils est, en général, de 115 à 130 volts.

CHAPITRE VII

Téléphones d'intérieur

Sommaire. — I. Indications pour les installations. — II. Observations au sujet des conversations par téléphone.

Une installation de téléphone d'intérieur nécessite les appareils et accessoires suivants :

1° Postes récepteurs et transmetteurs ;

2° Sonneries électriques ;

3° Piles du système Leclanché ;

4° Fils simples à un conducteur ;

5° Isolateurs.

Chaque poste téléphonique comprend une sonnerie électrique.

En ce qui concerne les piles, et ainsi que je l'ai déjà expliqué au chapitre relatif aux *sonneries*, elles doivent être composées d'un nombre d'éléments correspondant à la longueur des fils qui associent les deux postes ; toutefois, quand les deux postes sont influencés par une seule pile, il convient de la monter avec, au moins, trois éléments, à cause des résistances assez fortes que rencontre le courant dans son parcours. Lorsque les postes sont, chacun, reliés par une pile, le nombre d'éléments est alors basé sur la longueur des fils, mais, d'une manière générale, deux éléments suffisent par poste. Les piles sont renfermées dans une boîte de construction spéciale, appelée *caisse à éléments*, que l'on place, de préférence et selon le cas, à côté de chaque poste ou à proximité de l'un d'eux.

Les fils pour téléphones d'intérieur sont du même genre que ceux employés pour les sonneries électriques.

Indépendamment des isolateurs ordinaires, on se sert aussi, pour la conduite des fils téléphoniques, d'une sorte d'isolateurs collectifs, sous forme de barretons en bois, disposés pour recevoir plusieurs fils et les tenir éloignés les uns des autres ; ces barretons sont fixés aux murs de distance en distance.

Parmi les nombreux types de téléphones d'intérieur, celui à *microphone* est généralement apprécié parce qu'il est pourvu de microphones, dont l'effet est d'augmenter la sensibilité du récepteur et d'assurer la transmission fidèle des vibrations. Ces téléphones sont de deux sortes, l'un à *circuit primaire* pour petits parcours, allant cependant jusqu'à 300 mètres, l'autre à *circuit secondaire*, avec bobine d'induction, pour tous parcours. Les premiers, très largement suffisants, sont, d'ailleurs, les seuls employés pour les installations domestiques.

Le modèle de téléphones d'intérieur le plus en usage, se compose d'un poste mural avec récepteur combiné sur la même poignée que le transmetteur, ainsi que le représente la figure ci-contre.

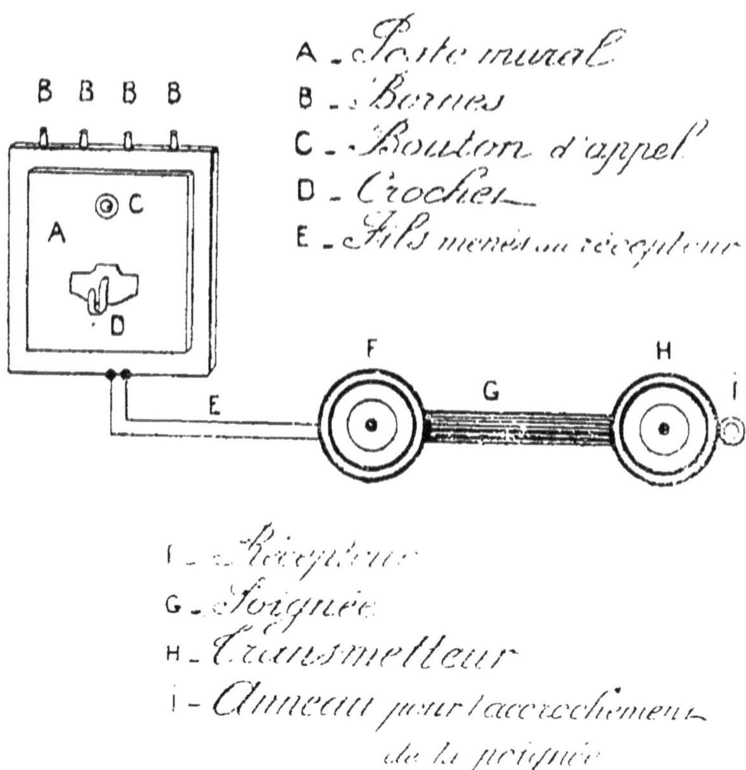

Fig. 22.

Comme on le voit, le poste téléphonique est muni :

1° De quatre bornes, dont les contacts sont assurés par une armature placée en dedans de l'appareil, et où viennent se souder les fils ;

2° D'un bouton d'appel ;

3° D'un crochet mobile monté sur ressort et destiné à recevoir l'anneau de la poignée.

Dès qu'on a cessé d'utiliser le téléphone, il ne

faut pas négliger de suspendre aussitôt la poignée au crochet; cette recommandation est de la plus grande importance pour le fonctionnement normal et régulier de l'appareil. Au moyen d'un dispositif aménagé dans l'intérieur du poste, ce crochet est destiné, en effet, suivant la position qu'il occupe, à couper ou à rétablir les communications ; quand il est *abaissé*, il ferme le circuit de la sonnerie, *dans le cas d'appel*, et met au repos le téléphone; une fois *relevé*, il ferme le circuit du téléphone et interrompt le circuit de la sonnerie.

Le circuit d'un réseau téléphonique s'établit en passant par l'appareil récepteur.

I. INDICATIONS POUR LES INSTALLATIONS

1. Installation téléphonique murale pour appel réciproque, avec une pile par poste

Les pôles *positif* et *négatif* des deux piles sont reliés ensemble par un fil.

Le fil du pôle *négatif* resté libre de la pile se rend à la borne 1 du poste A et le fil *positif* de l'autre pile, à la borne 5 du poste B.

Un fil de retour associe la borne 2 du poste A à la borne 6 du poste B.

Un fil soudé à la borne 4 du poste A est fixé à une borne de la sonnerie C; un fil unit la seconde borne de cette sonnerie à la borne 7 du poste B.

Un fil, venant de la borne 8 du poste B, rejoint une borne de la sonnerie D; un fil soudé à la

D
Sonneria
C
Sonnerie
4 3 2 1
Poste A
8 7 6 5
Poste B
Pôle négatif.
Pile
Pôle positif
Pôle negatif
Pile
Pôle positif

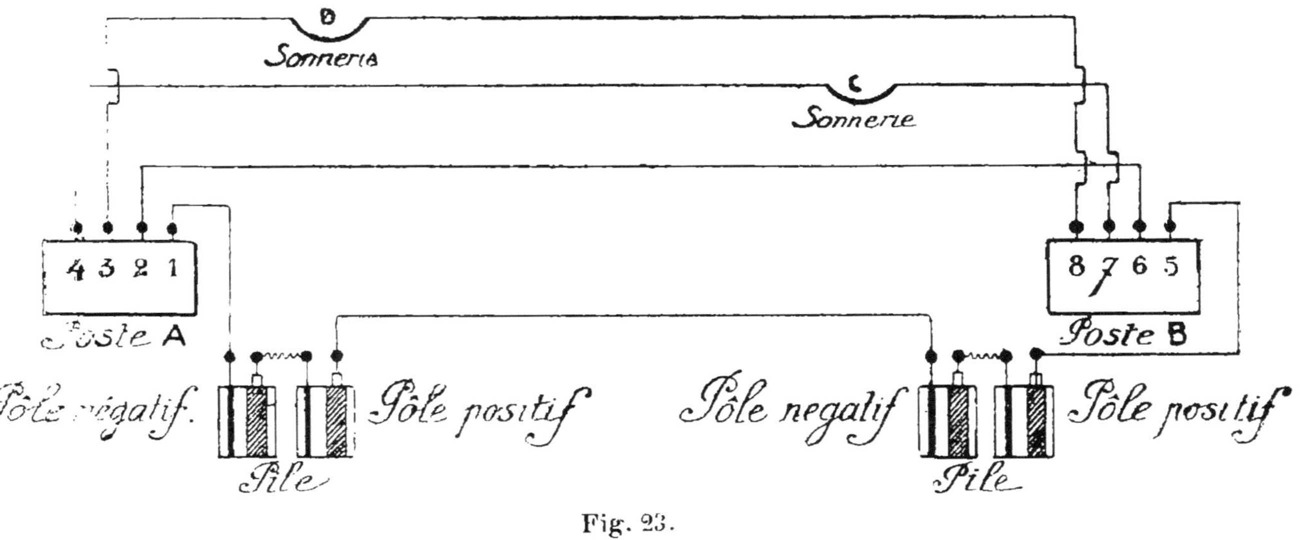

Fig. 23.

deuxième borne de cette sonnerie, est mené à la borne 3 du poste A (fig. 23).

L'unique avantage de cette installation sur la suivante, réside uniquement dans l'économie des éléments qui fournissent l'énergie électrique.

2. Installation téléphonique murale pour appel réciproque, avec une seule pile pour les deux postes

Le fil *négatif* de la pile est conduit à la borne 1 du poste A et le fil *positif*, à la borne 5 du poste B ; un fil associe la borne 2 du poste A à la borne 6 du poste B.

Un fil venant de la borne 4 du poste A est fixé à une borne de la sonnerie C ; de l'autre borne de cette sonnerie, vient un fil qui rejoint la borne 7 du poste B.

De la borne 8 du poste B part un fil qui est soudé à une borne de la sonnerie D ; la seconde borne de cette sonnerie est reliée par un fil à la borne 3 du poste A (fig. 24).

Dans ces deux genres d'installations, les fils soudés aux bornes 4 et 8 restent isolés ; leur contact avec les fils *conducteurs* des bornes 1 et 5, s'opère au moyen du crochet et du bouton d'appel.

Les bornes 1 et 3, 5 et 7 sont reliées entre elles dans l'intérieur du téléphone ; cette communication fait partie intégrante du dispositif de l'appareil, c'est-à-dire qu'on n'a pas à l'établir soi-même.

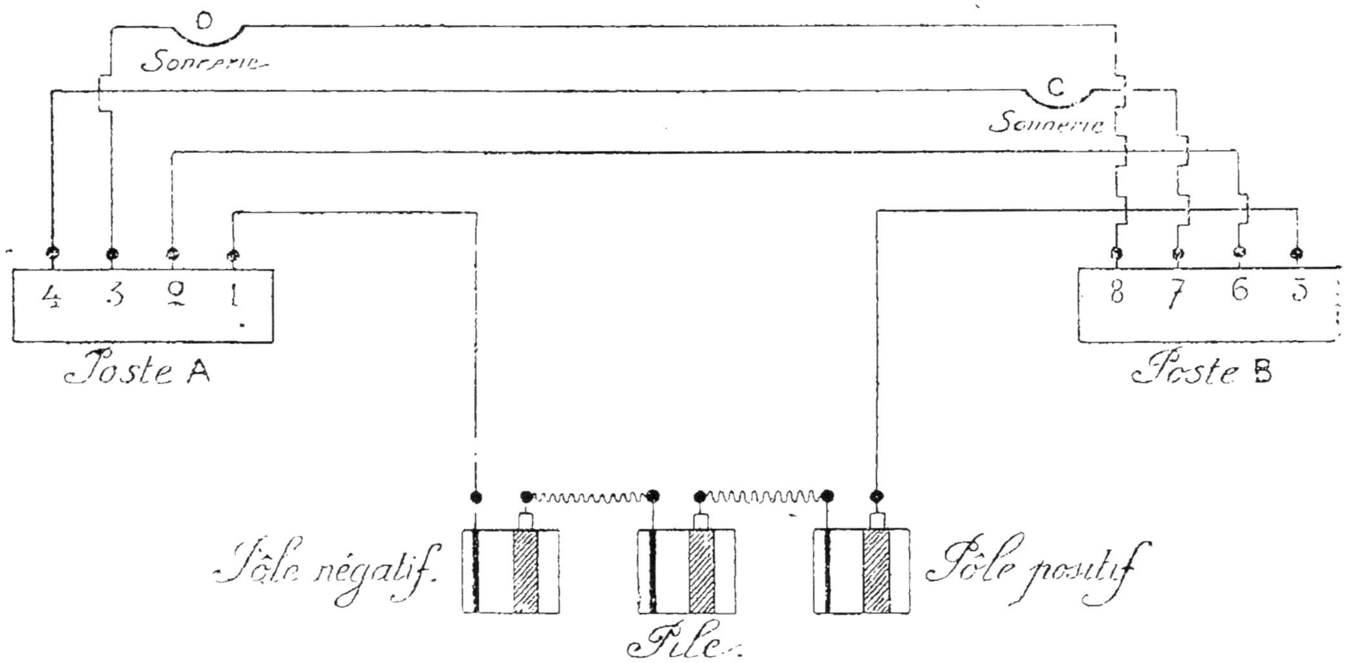

D
Sonnerie
C
Sonnerie
4 3 2 1
Poste A
8 7 6 5
Poste B
Pôle négatif.
Piles.
Pôle positif

Fig. 24.

3. Installation téléphonique murale pour appel réciproque avec une pile pour chaque poste.

On peut aussi installer un téléphone d'intérieur avec une pile pour chaque poste ; dans ce cas, l'appareil téléphonique comporte six bornes ; quatre pour le réseau du téléphone et deux pour les sonneries (fig. 25).

Le fil du pôle *négatif* se rend à la borne 1 et le fil du pôle *positif* à la borne 3 du poste A.

Le fil du pôle *positif* est mené à la borne 7 et le fil du pôle *négatif* à la borne 9 du poste B.

Deux fils de retour associent les bornes 2 et 4 du poste A aux bornes 8 et 10 du poste B.

C'est par le crochet que les bornes 1 et 2, 7 et 8 sont mises en communication.

Les bornes 3 et 4, 9 et 10 sont reliées dans l'intérieur du téléphone au moyen d'un dispositif spécial.

En ce qui concerne les sonneries, les indications sont les mêmes que celles données pour les deux installations précédentes.

Nota. — Tous les fabricants de téléphones n'adoptent pas, naturellement, les mêmes dispositifs intérieurs ; il en est même qui changent souvent les combinaisons primitives de leur marque. Dans tous les cas, les bornes des appareils étant désignées par une lettre et les principes restant toujours semblables, il sera très facile, en consultant avec

Poste B
7
8
9
10
11
12
Sonnerie
P
Piles.
N
Poste A
1
2
3
4
5
6
Sonnerie
P
Piles.
N

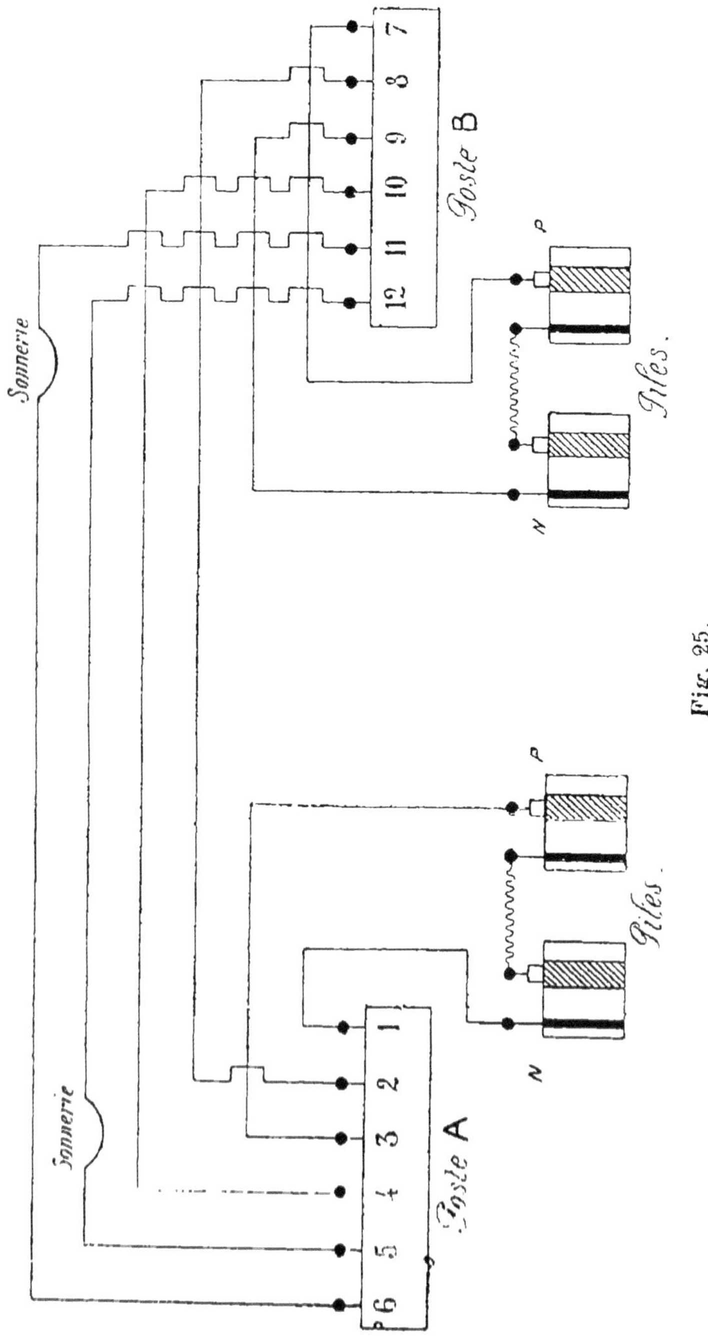

Fig. 25.

soin les indications de montage fournies dans les trois exemples donnés, de se rendre immédiatement compte des modifications à introduire dans l'agencement des fils conducteurs du téléphone et des sonneries.

II. OBSERVATIONS AU SUJET DES CONVERSATIONS PAR TÉLÉPHONE

Dans les transmissions téléphoniques, on doit s'étudier à ne pas élever la voix ; il faut, au contraire, parler doucement et bien articuler les mots. En causant fort, on détermine des vibrations excessives qui rendent le langage confus et, par suite, inintelligible.

APERÇU DE LA DÉPENSE

POUR UNE INSTALLATION ÉLECTRIQUE ORDINAIRE

Pose d'un plafonnier, sans contrepoids, en prenant pour base 6 mètres de fil double

Fil souple (2 conducteurs), 6 mètres à 0 fr. 30 . .	1.80
Interrupteur à 2 plots.	0.85
Rondelle en bois sur laquelle est vissé l'interrupteur.	0.10
Douille simple	0.65
Abat-jour ordinaire	0.65
Coupe-circuit unipolaire avec petite plaque en bois.	0.35
Rosace simple pour être vissée au plafond	0.25
Clous, vis et isolateurs	0.35
Soit une dépense approximative de	5.00

Il est évident que les frais varient suivant les genres d'installations et le choix des fournitures, mais on peut être assuré que, de toute façon, on réalisera, en opérant soi-même, une économie de 60 0/0 au moins, ce qui est à considérer.

FIN

TABLE DES MATIÈRES

FIN DE LA TABLE DES MATIÈRES

BAR-SUR-SEINE. — IMP. Vve C. SAILLARD

ENCYCLOPÉDIE-RORET

COLLECTION

DES

MANUELS-RORET

FORMANT UNE

ENCYCLOPÉDIE DES SCIENCES ET DES ARTS

FORMAT IN-18

Par une réunion de Savants et d'Industriels

Tous les Traités se vendent séparément.

La plupart des volumes, de 300 à 400 pages, renferment des planches parfaitement dessinées et gravées, et des vignettes intercalées dans le texte.

Les Manuels épuisés sont revus avec soin et mis au niveau de la Science à chaque édition. Aucun Manuel n'est cliché, afin de permettre d'y introduire les modifications et les additions indispensables.

Cette mesure, qui met l'Editeur dans la nécessité de renouveler à chaque édition les frais de composition typographique, doit empêcher le Public de comparer le prix des *Manuels-Roret* avec celui des autres ouvrages, tirés sur cliché à chaque édition, et ne bénéficiant d'aucune amélioration.

Pour recevoir chaque volume franc de port, on joindra, à la lettre de demande, un mandat sur la poste (de préférence aux timbres-poste) équivalant au prix porté au Catalogue.

Cette franchise de port ne concerne que la **Collection des Manuels-Roret** et n'est applicable qu'à la France et à l'Algérie. Les volumes expédiés à l'Etranger seront grevés des frais de poste établis d'après les conventions internationales.

Bar-sur-Seine. — Imp. Ve C. SAILLARD.

www.ingramcontent.com/pod-product-compliance
Ingram Content Group UK Ltd.
Pitfield, Milton Keynes, MK11 3LW, UK
UKHW020207200726
13856UKWH00003B/1245